O DEUS DA FILOSOFIA

DEUS EXISTE?

CHILENO GÓMEZ

DEUS ?

Copyright© 2021 by Literare Books International
Todos os direitos desta edição são reservados à Literare Books International.

Presidente do conselho:
MAURICIO SITA

Presidente:
ALESSANDRA KSENHUCK

Vice-presidentes:
CLAUDIA PIRES e JULYANA ROSA

Diretora de projetos:
GLEIDE SANTOS

Capa, diagramação e projeto gráfico:
NÔMADE STUDIO CRIATIVO

Revisão:
ANDREA ROSA E RODRIGO RAINHO

Impressão:
PRINTI

Dados Internacionais de Catalogação na Publicação (CIP)
(eDOC BRASIL, Belo Horizonte/MG)

G633d Gómez, Chileno.
         O Deus da Filosofia/ Chileno Gómez. – São Paulo, SP: Literare Books International, 2021.
         14 x 21 cm

         ISBN 978-65-5922-123-3

         1. Literatura de não-ficção. 2. Filosofia. I. Título.
                                                    CDD 100

Elaborado por Maurício Amormino Júnior – CRB6/2422

Literare Books International.
Alameda dos Guatás, 102 – Saúde – São Paulo, SP.
CEP: 04053-040
Fone: +55 (0**11) 2659-0968
Site: www.literarebooks.com.br
E-mail: literare@literarebooks.com.br

O DEUS DA FILOSOFIA

DEUS EXISTE?

CHILENO GÓMEZ

Chileno Gómez é palestrante, empresário do ramo de segurança, atuando na área há 17 anos. É formado em Filosofia pela Universidade Cruzeiro do Sul, pós-graduado pela PUC RS em Filosofia e Autoconhecimento e graduando em Teologia. Além disso, Chileno é ex-atleta de boxe e faixa-preta de jiu-jitsu. Iniciou sua carreira em 2016 quando começou a escrever pequenos artigos sobre problemas do cotidiano à luz da Filosofia. Sendo um apaixonado por divulgar conhecimento, tem produzido não só textos, bem como vídeos por esses anos, com o fim de ajudar os leitores a entenderem conceitos complicados de forma simples. Além disso, em suas palestras, tem sempre instigado à procura do conhecimento e do bem pensar. Para lograr êxito em seus objetivos de estimular o bem pensar, escreve seu primeiro livro. Como não poderia deixar de ser, o autor busca questões que tocam seus leitores nas suas vidas e reflexões pessoais. Dessa forma, seu primeiro livro trata da maior e mais antiga aporia da humanidade. Em busca dessas reflexões, nasce sua obra *O Deus da Filosofia*.

AGRA DECI MENTOS

Não poderia deixar de agradecer a minha família, minha esposa Cláudia, e meus filhos, Gabriel e Gustavo, por estarem sempre ao meu lado. Nada me seria possível sem o apoio que eles sempre me deram. A meus amados pais, que me fizeram um leitor voraz e amante dos estudos.

Dois agradecimentos em especial se fazem necessários. Agradeço a minha eterna terapeuta, Ana Kiyan, que me proporcionou o arcabouço psicológico para mudar os rumos da minha vida, culminando na publicação deste livro. E ao prof. Clóvis de Barros Filho, que me serviu de inspiração e guia, e me serve até hoje, na jornada de fazer da Filosofia um modo de vida. Ele, inclusive, me dá a honra de prefaciar este livro.

PREFÁCIO POR

O livro que tenho a honra de prefaciar é obra de um inconformado. Alguém que quis continuar estudando para além das fronteiras de sua formação oficial. Que houve por bem proporcionar-se condições para pensar melhor e que entendeu ser o bom pensamento um caminho seguro para uma vida melhor.

Nessa busca que ele considera interminável, sentiu a necessidade de compartilhar, comunicar ao mundo suas conjecturas e reflexões. Quis dar a mão àqueles que, como ele, precisaram fazer dos bancos escolares um espaço de diálogo, procurando interagir com todos os que, como ele, ainda se sentem carentes de aprendizado.

Lembro-me dos tempos de faculdade; adorava anotar cada frase, cada palavra enunciada pelos mestres. Para em casa contrastar com as reflexões de outros mestres. E os livros foram se empilhando, rivalizando com os cadernos pelo espaço da mesa. Tinha por hábito construir um texto meu, uma terceira voz que assim se posicionaria frente ao professor na sala de aula e aos autores por ele sugeridos.

Era esse o texto que eu usava na preparação das provas. Costumava oferecê-lo ao professor para que, se fosse o caso, fizesse críticas. Muitos, eu sei, aceitavam por polidez, sorriam por hábito, mas ignoravam a minha produção. Já outros não, dispunham-se a ler, a interagir, a aplaudir e criticar. Assim, o texto ia sendo melhorado. E na hora da prova, sempre me permitiu ótimas avaliações.

Esse mesmo texto, nos dias de desespero anteriores aos exames, virava apostila, afinal, parecia mais fácil que eu houvera escrito com as minhas

CLÓVIS DE BARROS FILHO

palavras, meus exemplos, e minha compreensão, do que as sofisticadas propostas dos manuais, ou a mera compilação das aulas.

Certa vez, o professor Antônio Junqueira de Azevedo, eminente civilista, disse que tudo aquilo merecia publicação. Seria de extraordinária valia para alunos de graduação como eu. Ruboresci de orgulho, mas não levei adiante a ideia.

Este livro, que agora apresento ao leitor, resulta da coragem que nunca tive. De um desejo de sistematizar ideias, proporcionando uma introdução a todos os que, como o autor, querem continuar aprendendo. Nada pode merecer maior aplauso por parte de um professor que, como eu, no final da carreira, sempre se empenhou por despertar entusiasmo pelas ideias, gosto pelo estudo, apreço pela reflexão.

Sugiro ao leitor que se deixe guiar, levar-se pela mão, e aceitar o caminho percorrido pelo autor. Sugiro também que, quando se sentir à vontade e em condições, que tome iniciativa análoga e que comunique a todos o resultado sempre provisório das suas próprias reflexões, do seu próprio aprendizado. Todos têm muito a ganhar e você terá finalmente compreendido que estudar é integrar-se a uma rede – uma rede privilegiada de relações, onde a circulação das ideias confere à humanidade sua dignidade e o seu valor.

Auguro boa leitura e torço para que você brinde a humildade do autor com a generosidade e indulgência de alguém que um dia também será lido e apreciado.

SUMÁRIO

CAPÍTULO I	DEUS EXISTE?	20
CAPÍTULO II	QUAL DEUS?	23
CAPÍTULO III	OS DEUSES DA MITOLOGIA	25
CAPÍTULO IV	O DEUS DE PLATÃO	31
CAPÍTULO V	O DEUS DE ARISTÓTELES	34
CAPÍTULO VI	O DEUS ESTOICO	39
CAPÍTULO VII	O DEUS CRISTÃO	41
CAPÍTULO VIII	O DEUS DE SPINOZA	53
CAPÍTULO IX	O DEUS JUDEU	55
CAPÍTULO X	O DEUS MUÇULMANO	59
CAPÍTULO XI	O MODERNISMO DE IMANNUEL KANT	62
CAPÍTULO XII	OS CAVALEIROS DO ATEÍSMO	67
CAPÍTULO XIII	O DEUS DO BRASILEIRO	87
CAPÍTULO XIV	O DEUS DO PROFESSOR MARCUS	91

INTRODUÇÃO

O objetivo desta obra não é buscar nenhuma resposta definitiva ou objetiva com relação ao conceito de Deus. Muito pelo contrário, busco instigar sua curiosidade, exercitar sua capacidade argumentativa e inquietar o que talvez você tenha por verdade. Não pretendo em absoluto esgotar os argumentos elaborados por cada filósofo e nem tampouco a lista de pensadores que trataram da temática.

Quando nos dedicamos a debater temas realmente complexos e aporéticos, treinamos nossa capacidade de formular argumentos no mais alto nível (não precisa buscar o dicionário e nem dar um Google, eu mesmo explico o que é aporético. Aporético é adjetivo do que tem aporia. "Não ajudou em nada!" Calma, ansioso leitor, sigamos o raciocínio. Aporia é um problema sem solução, um beco sem saída argumentativa).

Na Filosofia, temos temas tão complexos que por vezes passamos anos debatendo sem chegar a nenhuma solução final satisfatória. Temas como o tempo, Deus, ou o *post mortem*, são temas aporéticos por excelência. Ou seja, não têm uma solução final.

Certa vez um aluno me perguntou: "para que discutir sobre isso se já sabemos que não chegaremos a lugar nenhum?".

É uma pergunta relevante, mas de fácil resposta. Se nos acostumarmos a debater temas complexos, quando precisarmos argumentar sobre temas mais amenos, será muito mais fácil. Já viu o filme *Rocky*, aquele do boxeador? Ele se prepara para a luta correndo com pesos e uma série de exercícios difíceis. A ideia é a mesma, se você se acostumar com o difícil, o restante vai ser tranquilo.

Conhece alguém que parece ter as respostas "na ponta da língua"? Não importa o que estão debatendo, ele sempre responde de pronto. Esse sujeito desenvolveu seu raciocínio argumentativo. Enquanto falam sobre o assunto, o cérebro dele já está avaliando as possibilidades e possíveis respostas.

Eu o convido a uma viagem lógica e racionalista sobre a aporia por excelência da humanidade desde seus primórdios. Deus existe?

NOTA

Não pretendo me aprofundar extensivamente no pensamento de cada filósofo, a fim de deixar a leitura mais leve e descontraída. Contudo, quem ler esta obra gozará de uma ideia geral do conceito de Deus na história da humanidade ocidental.

Por vivermos em um país cristão, me aterei principalmente aos filósofos cristãos. Contudo, todos os povos do mundo produziram suas teorias para provar seus deuses.

17

"A fé é a firme confiança de que virá o que se espera, a demonstração clara de realidades não vistas."
(Hebreus 11:1 – Trad. Novo Mundo)

A edição Almeida revisada dirá: "Ora, a fé é a certeza de coisas que se esperam, a convicção de fatos que se não veem."
(Hebreus 11:1)

FÉ

Não podemos discutir fé. Como vimos no texto parafraseado anteriormente, o apóstolo Paulo dá a definição de fé. Fé é crer em algo sem provas. Se tiver provas não precisa de fé. Fé, ou você tem ou não tem. Está errado? Claro que não, mas aí entraríamos em um debate teológico, e nosso objetivo neste livro é exatamente o contrário. Usarmos a razão para entender o conceito de Deus.

CAPÍTULO 1

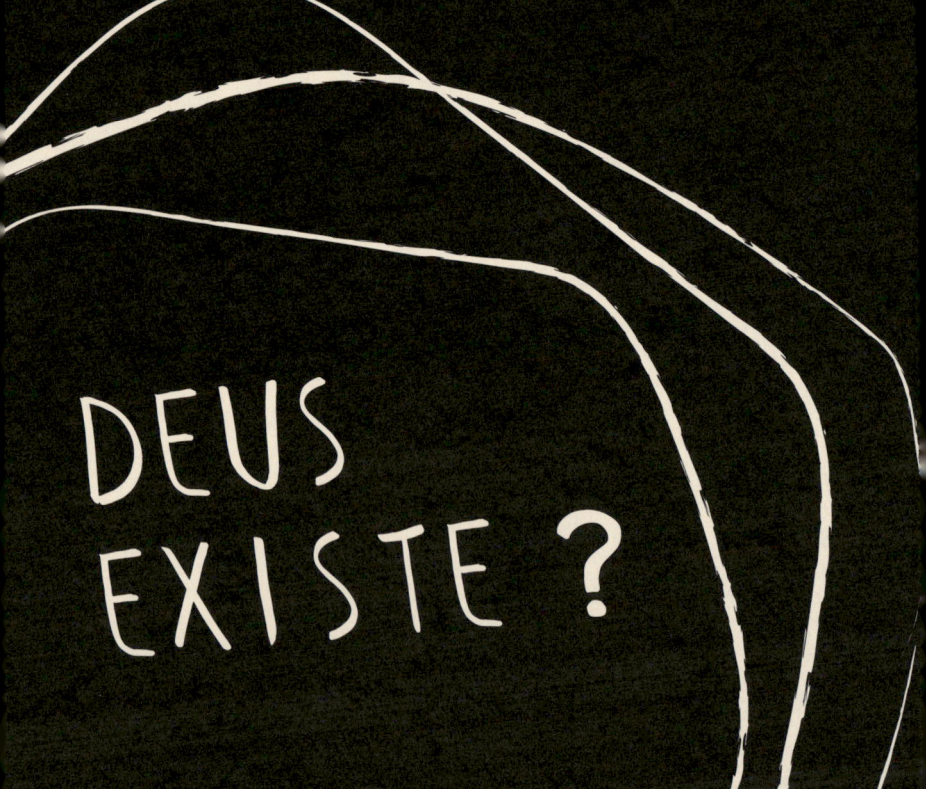

DEUS EXISTE?

Já se pegou se perguntando se Deus existe? Se Ele existe, por que permite o mal? Se Deus criou tudo e sabe de tudo, por que Ele criou o Diabo? Se você já se fez tais perguntas e não achou respostas, fique tranquilo, muitos pensadores já se debruçaram sobre essas questões em busca de respostas e chegaram ao mesmo lugar que você, ou seja, a lugar nenhum.

Antes de você se empolgar e pensar que irei responder alguma dessas perguntas, sinto informar que não darei qualquer resposta melhor do que você já tenha encontrado. Porém, vamos nos ater à primeira pergunta neste livro, haja visto que, dependendo da resposta, as outras perguntas farão ou não sentido. Deus existe?

"Você é professor de Filosofia? Já sei, deve ser ateu."

É notável como tenho ouvido repetidamente esse tipo de comentário. O mais interessante, porém, é que, ao longo da história da humanidade, a Filosofia tenha se empenhado justamente em provar a existência de Deus. Ouso dizer ainda que a Filosofia é a ciência que mais tem se dedicado à tarefa de provar Deus.

Antes de falarmos qualquer coisa sobre o conceito de Deus, devemos entender alguns pontos extremamente relevantes sobre o tema.

Em primeiro lugar, quando tratamos de Deus, estamos falando sobre algo que é improvável. Não improvável no sentido estatístico e matemático do termo, mas sim no sentido de não poder ser provado.

Quando tratamos de Deus, alma, céu, inferno, reencarnação ou qualquer coisa do gênero, falamos de metafísica. O primeiro a usar esse termo foi Aristóteles, filósofo grego que viveu de 384 a.C. até 322 a.C.. A palavra *physis*, do grego, quer dizer o que é físico. Já o prefixo *meta* quer dizer além. Ou seja, metafísica é o que está além do físico.

Seja qual for sua concepção de Deus, Ele não pode ser provado de forma científica. Por que não?

Pelo simples fato de que, para se ser provado cientificamente, é necessário que se passe por etapas e testes de comprovação. Qual o problema nisso? O grande problema é que estamos necessariamente presos às tecnologias disponíveis. Tomemos por exemplo a teoria atomista:

- Demócrito (460 a.C. – 370 a.C.), filósofo grego que viveu há cerca de 2.500 anos, dizia que tudo era formado por átomos. *Thomos*, do grego, quer dizer divisão. O prefixo "a" significa negação. Então, átomo é o que não pode ser dividido. Demócrito dizia que, se fôssemos dividindo a matéria milhares de vezes, chegaríamos a uma parte tão ínfima que não poderia mais ser dividida. A essa partícula primordial, ele chamou de átomo.

Você dirá: "professor, mas nós já conseguimos dividir o átomo". Porém, atente-se ao seguinte: a teoria atomista está perfeita conceitualmente, só agora podemos ter certeza de que os atomistas gregos estavam certos. Se podemos dividir o átomo hoje, é porque a ciência moderna deu o nome cedo demais. Demorou 2.500 anos para que a ciência comprovasse a teoria atomista. Dependemos dos avanços tecnológicos para poder confirmar ou refutar algo cientificamente. Isso significa que algo não poder ser provado cientificamente não quer dizer que não exista ou que seja mentira. Podemos apenas não ter tecnologia suficiente AINDA para prová-lo, e talvez NUNCA tenhamos. Esse é o maior impasse entre ciência e fé quando tratamos de Deus.

"Professor, eu sinto Deus no meu coração, sei que Ele existe!"

O problema disso, caro leitor, é que experiências pessoais não podem ser validadas para todos. Não poder testar e comprovar o que você sente como Deus, dentro de si, impossibilita a comprovação científica.

Dito isso, podemos fazer algumas considerações bem interessantes sobre Deus e como Ele tem se desenvolvido filosoficamente ao longo da história.

CAPÍTULO 11

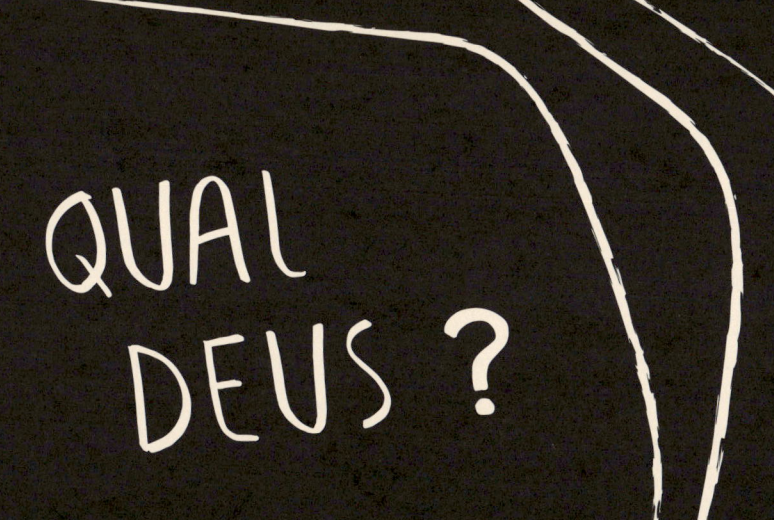

QUAL DEUS?

Qual deus? Essa talvez, seja uma das grandes questões insolúveis da humanidade em toda a sua existência. Pressupondo uma divindade transcendente, quem seria ela? Seria um deus ou deuses? E se for um deus, quem é ele?

Dessas questões surgirão todas as religiões do mundo. O Boletim Internacional de Pesquisa Missionária, preparado por David Barrett, estima que hoje, em atividade no planeta, existam cerca de 10 mil religiões. Isso sem contar todas as religiões e crenças que já não existem mais. Levando em conta que a grande maioria das religiões no mundo são politeístas, o número de deuses chega à casa dos milhares.

Diferentemente do que muitos ateus pregam, a ideia de Deus tem se mostrado profundamente refinada filosoficamente. Embora ela tenha sido frequentemente associada contra o conhecimento científico, pensar Deus tem estimulado o raciocínio humano à reflexão desde os primórdios da humanidade. Como conceituar algo que não pode ser visto, provado ou testado? Como explicar algo que o sentir é uma experiência estritamente subjetiva e pessoal?

Tratemos de alguns conceitos sobre Deus.

CAPÍTULO III

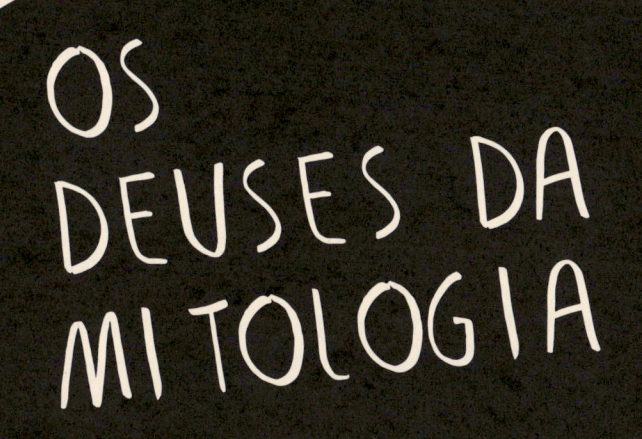

OS
DEUSES DA
MITOLOGIA

Hesíodo, poeta grego que viveu por volta de 800 a.C., em sua teogonia (do grego, significa nascimento dos deuses), explica como os gregos pensavam os deuses.

NOTA

Serei sucinto em meu relato mitológico. Citarei apenas os deuses que terão relevância para a continuação deste livro. A mitologia grega contém dezenas de deuses.

O primeiro deus a surgir foi Caos. Não, ele não é criado, ele surge espontaneamente. Caos é o primeiro deus primordial da mitologia grega. É um deus disforme, ele remete à ideia de confusão, de escuro, de queda constante e de barulho. Imagine-se na escuridão total, caindo infinitamente, em meio a um barulho ensurdecedor. Essa sensação é o Caos.

Logo após surge Gaia. Gaia é o planeta Terra. Então, se Caos é queda, Gaia surge para dar um chão. Um limite ao Caos. E Gaia surge com um outro deus em seu interior, Tártaro. E Tártaro são os grotões (grande cavidade que se forma pela ação da água da chuva) de Gaia. Bem diferente da ideia que temos de inferno de fogo, Tártaro é escuro e úmido, como são as cavernas e grutas em geral.

O próximo deus a se apresentar é Urano, e Urano é o céu. Porém, Urano aparece cobrindo Gaia. Cobrindo nos dois sentidos da palavra. Primeiro cobrindo no sentido de envolvê-la por completo, como uma maçã coberta por papel filme. Segundo por cobri-la no sentido de acasalar com ela. Diz a mitologia que Urano fornicava ininterruptamente com Gaia, sem descanso. De tal maneira que ela não conseguia parir. Sendo assim, Gaia engravidava e paria seus filhos para dentro, nos seus grotões.

Gaia dá à luz doze titãs, três ciclopes e dois hecatônquiros (monstros gigantescos com cinquenta pares de braços e cinquenta pares de olhos).

Aconteceu, em certo momento, de Gaia ficar de saco cheio de Urano ficar copulando com ela o tempo inteiro. Então, um de seus filhos, um titã de nome Cronos, toma uma espada forjada nos grotões de Gaia e decepa o membro do pai por dentro da mãe, assim que ele a penetra. Com a dor da amputação, Urano dá um salto e vai parar no firmamento. Lugar que está até os dias de hoje.

Quando Urano sai de cima de Gaia, cria-se um espaço entre eles. Pelo buraco deixado pelo pai, sai Cronos, deus do tempo. A partir desse momento, começa a existir o espaço/tempo. Atente-se bem a esse detalhe, pois, para os gregos, o tempo não existia sem espaço. Esse conceito será retomado por Albert Einstein no século XIX.

Voltemos à mitologia. Cronos, que literalmente quer dizer tempo, passa a reinar como soberano do universo, tendo seus irmãos titãs ao seu lado. Tanto os ciclopes como os hecatônquiros foram mantidos presos no Tártaro.

Acontece que Cronos casou-se com uma de suas irmãs, de nome Reia. Com medo de que seus filhos fizessem com o mesmo que ele fez ao seu pai, ele devorava seus filhos ao nascerem. Reia não gostou nem um pouco disso e nem Gaia, que era a avó dos jovens deuses. Após ter cinco filhos engolidos por Cronos, Reia articula com Gaia para enganar Cronos em seu próximo filho. Quando ela deu à luz ao novo bebê, envolveu uma grande rocha em cobertores e a manteve ao peito. Quando Cronos chegou, tomou a rocha e a engoliu por inteiro.

Ludibriado o pai, seu filho, de nome Zeus, passou a ser criado secretamente nos grotões de Gaia. Era alimentado por uma substância chamada ambrosia. Isso mesmo, você conhece um doce com esse nome. É exatamente por causa da mitologia grega. O doce é tão bom que é considerado comida dos deuses.

Zeus cresce forte e magnífico. Dado certo momento, ele quer sair do Tártaro, aí lhe contam a verdade. Seu pai já engoliu seus irmãos e governa com mãos de ferro, tendo os tios de Zeus por aliados. Porém, Zeus não se dá por satisfeito, articula um plano e consegue dar um emético (substância que provoca vômito) ao seu pai. Na mesma hora Cronos expele os irmãos de Zeus que estavam em sua barriga. Sendo que filhos de deuses são deuses, eles estavam vivos no estômago do pai.

Os filhos de Cronos vomitados foram cinco, a saber, Héstia, Demeter, Hera, Hades e Poseidon.

Junto de seus irmãos, Zeus começa uma guerra contra os titãs em busca da soberania universal chamada titanomaquia.

Vou encurtar a história, pois a mitologia grega não é o objetivo deste livro. Zeus e seus irmãos pedem ajuda aos tios ciclopes e hecatônquiros e vencem a guerra, aprisionando os titãs no Tártaro.

Assim, começam a reinar os deuses do Olimpo. Zeus passa a ser o soberano do universo. Ele se casa com duas deusas, Métis, deusa da prudência e sabedoria, e Têmis, deusa da Justiça.

Acontece que Zeus se encheu das duas primeiras esposas e as comeu. Comeu no sentido gastronômico. O que nos interessa é que ele devorou suas esposas. Diferentemente de seu pai Cronos, que manteve os filhos vivos em seu estômago, Zeus acaba incorporando suas esposas a si mesmo. Ele meio que se funde com elas. E passou a ser então o ser mais sábio, mais prudente e mais justo do universo.

Zeus começa então a pôr ordem no universo. Põe cada coisa em seu lugar, onde somente poderiam estar. A partir desse momento, o universo passa a se chamar Cosmos. Do grego, Cosmos quer dizer ordenado. Tudo passa a estar em perfeita harmonia no seu devido lugar, onde tão somente poderia e deveria estar.

Deixemos a mitologia por aqui.

RESUMO DO CAPÍTULO

Os deuses primordiais não foram criados, surgiram. Zeus e seus irmãos ganharam a titanomaquia e passaram a governar o universo. Zeus organizou o universo e ele passou a se chamar Cosmos (ordenado). A partir daí, cada coisa tinha seu lugar e sua finalidade.

A Filosofia nasce exatamente para tentar explicar de forma lógica o que era apenas explicado pela mitologia até então. Os primeiros filósofos tentavam explicar a origem da vida e do mundo de forma racional, fugindo da ideia de que todo o panteão de deuses formava a mitologia grega. Contudo, vale ressaltar que a influência dessa concepção de deuses permeou por muito tempo a Filosofia.

"Como assim, professor? A Filosofia não tenta fugir da mitologia?"

— Sim, pequeno gafanhoto, porém a ideia de um universo cósmico ordenado por Zeus se fará presente na Filosofia pelos séculos adiante.

NOTA

Toda civilização tem suas mitologias. Contudo, consideraremos aqui a mitologia Grega, pois é a base da sociedade ocidental como a conhecemos. Oficialmente, a filosofia ocidental nasceu por volta de 700 a. C. na Grécia, com Tales de Mileto. Sendo assim, consideraremos essa premissa para facilitar nosso processo de entendimento, embora existissem pensadores anteriores a Tales e povos com mitologias de criação mais antigos que os gregos. Discorreremos de forma cronológica, a fim de entender como o conceito de Deus evoluiu com as civilizações.

CAPÍTULO IV

(O INÍCIO DA DUALIDADE)

O DEUS DE PLATÃO

Platão - Arístocles (428 a.C. – 348 a.C.), considerado o grande nome da Filosofia Clássica, Platão na verdade é um apelido e significa "ombros largos". Existem duas teorias sobre a origem desse apelido. A primeira teoria diz que ele deve ter sido atleta e isso teria lhe dado um corpo largo e forte. Sendo ele um aristocrata e vivendo na Grécia antiga, o desenvolvimento corporal era bastante valorizado. A segunda teoria diz que ele era extremamente largo por causa do peso. Segundo essa hipótese, o filósofo seria muito gordo, proporcionando um corpo de grandes dimensões.

Abro um parêntese para expressar uma opinião pessoal. Segundo minha percepção, acredito que as duas possibilidades sejam possíveis. Na verdade, penso que ambas estejam corretas. Muitos atletas, quando diminuem ou param de treinar, acabam ganhando muita gordura corporal, haja vista o gasto calórico diminuir drasticamente e o apetite continuar igual. Vemos muito isso em atletas que se aposentam.

Platão irá dar a base para todas as religiões e ideologias espiritualistas posteriores a ele.

Para Platão, a realidade era constituída por duas partes. Não só o mundo era dividido em dois como o próprio homem é dividido em duas partes.

Os mundos descritos por Platão são: Mundo Sensível e Mundo das Ideias ou mundo das Formas.

Já o homem é dividido em corpo e alma. Contemos em nós duas partes, a parte finita do corpo e a parte eterna da alma.

Por que isso é importante para nós? Porque esse conceito segue sendo o mais aceito em todo o mundo até os dias de hoje.

Para Platão, o Mundo Sensível, ou seja, esse que vivemos, é só uma cópia malfeita do Mundo das Ideias. Nossa alma habitava o mundo das ideias antes de nascermos. Quando nascemos, o corpo rapta uma alma e essa passa a viver dentro de nós, ávida a voltar ao seu estado de plenitude. A alma no mundo das ideias está na sua melhor condição, onde pode passar todo o tempo refletindo as grandes verdades do universo. Enquanto encarnada, ela tem de se preocupar com as necessidades do corpo como comer, dormir, defecar, reproduzir etc. Entenda, você mais sua alma são menos que só sua alma. Você estraga a plenitude da alma que habita em si. Sendo assim, para Platão, o verdadeiro filósofo já está morto. Por quê? Porque ele se preocupa o mínimo possível com as necessidades do corpo e busca compreender as verdades universais.

O Mundo das Ideias é perfeito, eterno e imutável, enquanto o Mundo Sensível é imperfeito, temporal e mutável.

"Professor, eu nunca tinha ouvido falar de dois mundos, como você diz que esse conceito é aceito até os dias de hoje?"

Simples, nobre debutante filosófico, é só trocar o nome Mundo das Ideias por céu, paraíso, Valhalla, Cosmos ou qualquer outro nome que você queira. É exatamente a ideia de que aqui neste mundo fica apenas a parte ruim da vida. A verdadeira vida ainda espera por nós no *post mortem*. A alma anseia a morte em busca de sua plenitude.

Para Platão não conheceríamos a verdade analisando o mundo sensível, pois esse está longe da perfeição do mundo das ideias. Sendo assim, o DIVINO, sendo o suprassumo da perfeição cósmica, seria inacessível enquanto a alma estivesse encarnada.

Platão chamará esse deus de Demiurgo. O Deus de Platão é o princípio organizador da realidade. Demiurgo não criou a realidade, ele a organizou imitando as formas perfeitas do mundo das ideias.

Só poderíamos ter acesso ao divino quando nossa alma estivesse no mundo das ideias.

Talvez você pergunte: "Professor, Platão era cristão?".

Acho muito difícil, considerando que Platão viveu 400 anos antes de Cristo. Talvez a pergunta certa seja: Jesus era platônico?

RESUMO DO CAPÍTULO

PLATÃO DÁ A BASE DE TODAS AS RELIGIÕES EXPLICANDO A VIDA COM DOIS MUNDOS E DUAS REALIDADES, O MUNDO SENSÍVEL E O MUNDO DAS IDEIAS. ONDE UM É IMPERFEITO E FINITO E O OUTRO PERFEITO E ETERNO.

CAPÍTULO V

O DEUS DE ARISTÓTELES

ARISTÓTELES (384 a.C. - 382 a.C.), principal discípulo de Platão, nasceu na cidade de Estagira, formou-se médico aos dezesseis anos e posteriormente foi para Atenas estudar Filosofia na Academia (academia era o nome da escola filosófica de Platão). Ele se destacou por apresentar argumentos em contraposição ao seu mestre. Considerado o pai da ciência, Aristóteles não acreditava nos dois mundos de Platão. Para ele, só existia esse mundo. Contudo acreditava na divisão de corpo e alma do ser humano. Aristóteles defendia que só se conheceria a verdade olhando para o mundo e o que há nele.

Platão e Aristóteles "debateram" sobre tantos assuntos e de forma tão ampla, que alguns autores alegam que, depois deles, nunca mais se debateu assunto novo. Para qualquer tema que possa ser discutido, acharemos algum tipo de embasamento em Platão e Aristóteles.

Em sua obra *Metafísica*, Aristóteles trata do que está além da *physis*, como vimos no começo do livro. Porém, vale ressaltar a importância que Aristóteles dava a ela. Ele chama a metafísica de Filosofia Primeira. O que isso quer dizer?

Quer dizer que, sem ela, absolutamente nada poderia existir, nem a Filosofia em si. Para tanto, ele se dedica à compreensão da construção metafísica.

Lembra-se de que a mitologia iria influenciar a Filosofia por muito tempo? Então, Aristóteles acreditava em um universo cósmico, onde cada coisa tinha seu lugar. A isso ele chamava de eudaimonia. Na verdade, ia além disso, para ele, cada coisa no universo tinha seu *"télos"*, ou seja, sua finalidade. O conceito de *eudaimonia*, era de que, cada coisa no universo tinha exatamente seu objetivo de ser, e só teríamos uma vida boa se achássemos nosso *télos*. A partir daí, teríamos uma vida plena e passaríamos a fazer parte do Cosmos.

Para explicar a forma e o objetivo de tudo que existe, ele cria as quatro causas aristotélicas.

AS QUATRO CAUSAS DE ARISTÓTELES

Aristóteles diz que existem quatro causas elementares de tudo que existe. São elas:

- Causa Material
- Causa Eficiente
- Causa Formal
- Causa Final

Causa Material: diz sobre o material que algo é constituído. Uma escultura, por exemplo, pode ser feita de madeira. Sendo assim, a causa material dessa escultura é a madeira;

Causa Eficiente: trata sobre quem fez a coisa. No caso da escultura, a causa eficiente é o escultor;

Causa Formal: é sobre a forma que a coisa é constituída. Usando a mesma escultura, ela pode ser feita em forma de um cavalo, por exemplo;

Causa Final: é o *télos*, ou objetivo ao qual foi criado. Para Aristóteles, absolutamente tudo no universo tem sua finalidade. A escultura pode ser para enfeitar, ou ainda ser usada como peso de papel.

Dessa forma, a escultura do exemplo tem suas quatro causas aristotélicas descritas acima.

Em tudo no mundo podemos achar suas quatro causas.

PRIMEIRO MOTOR IMÓVEL

Aristóteles diz que tudo no universo é movimento, e que todo movimento tem um movimento causal anterior. Ou seja, algo só pode se mover se for movido antes, e isso vale desde as órbitas dos planetas até as transformações celulares em nós. "Vejo lógica nisso", você dirá. Porém surge um problema. O que gerou o primeiro movimento?

Se formos buscando a causa da causa, e da causa, iremos *ad infinitum*, ou seja, ao infinito. Algo deve ter gerado o primeiro movimento. Aristóteles chamará de primeiro motor imóvel. O primeiro motor imóvel é essência pura, sem potencialidades. Por ser essência pura, gerou o primeiro movimento por atração. Gerou movimento sem se mexer, dando início ao movimento do universo.

Embora Aristóteles nunca tenha chamado o primeiro motor imóvel de deus, muitos pensadores usarão esse conceito para explicar Deus como causa primeira. Mas vamos com calma, não quero pôr a carroça na frente dos bois, como dizia meu avô. Primeiro, vamos entender como um argumento deve ser construído para poder ter relevância na história do pensamento.

LÓGICA ARISTOTÉLICA

Aristóteles não usa o termo lógica, mas sim silogismo, porém as considerações que ele fez sobre o tema estão vigentes até hoje.

Aristóteles nos diz que nem todo argumento é lógico, porém, para ser válido, todo argumento deve ser lógico. O que isso quer dizer?

Quer dizer que um argumento deve seguir uma linha de raciocínio plausível e que faça sentido. Como estamos falando de metafísica e não podemos apresentar provas materiais, devemos então ser coerentes na construção de nosso argumento.

Para tanto, listarei as três primeiras regras lógicas de Aristóteles. Tenha-as em mente ao analisar as teorias que serão apresentadas nesta obra.

- **1ª LEI – LEI DA IDENTIDADE**
Uma coisa é igual a ela mesma.

- **2ª LEI – LEI DA NÃO CONTRADIÇÃO**
Uma coisa não pode ser verdadeira e falsa ao mesmo tempo.

- **3ª LEI – LEI DO TERCEIRO EXCLUÍDO**
Uma coisa é verdadeira ou falsa, não havendo uma terceira opção.

Tendo essas leis em mente, tente analisar cada argumento posterior e como cada um se encaixa nas leis lógicas aristotélicas.

Perceba que Aristóteles não fala de Deus em nenhuma parte, porém inspirará a maioria dos filósofos racionalistas em suas teorias. O filósofo estagirita dá o embasamento lógico para a grande maioria dos argumentos sobre a existência de Deus que virão pelos próximos dois mil e quinhentos anos.

RESUMO DO CAPÍTULO

ARISTÓTELES DÁ A BASE LÓGICA PARA O INÍCIO DO MOVIMENTO DO UNIVERSO E SUAS CAUSAS, ALÉM DE ESTABELECER AS PRIMEIRAS LEIS LÓGICAS. A PARTIR DO PENSAMENTO DELE, TODO PENSAMENTO HUMANO SERÁ ESTRUTURADO POR SUAS CONSIDERAÇÕES.

CAPÍTULO VI

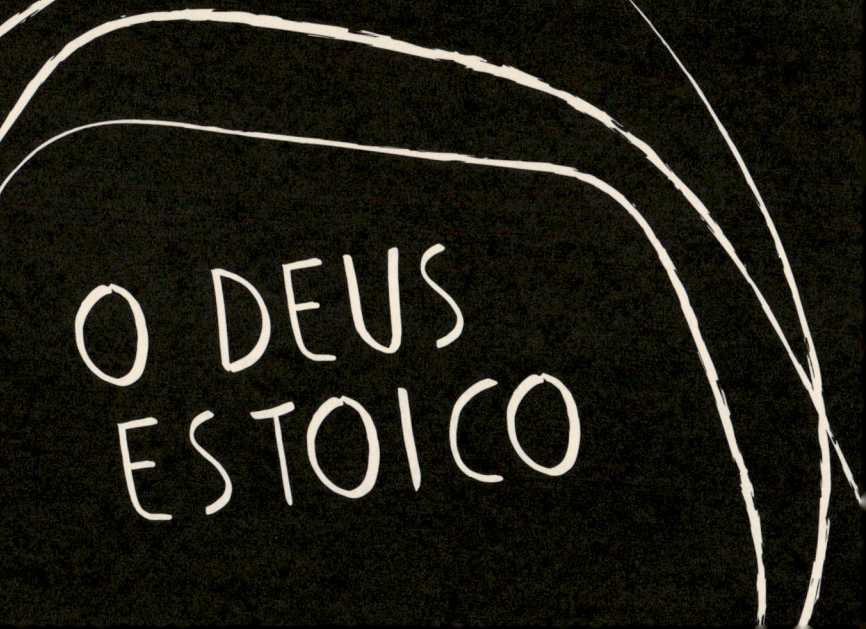

O DEUS ESTOICO

Já ouviu alguém falar que acredita na energia da natureza? Ou que acredita em uma inteligência superior que ordena o universo?

Então, essas ideias são bem parecidas com a ideia de Deus para os estoicos.

Stoa do grego, quer dizer portal, ou pórtico coberto, se você preferir. A Filosofia era aristocrata na Grécia antiga, ou seja, quem podia estudar nas escolas filosóficas era a elite. Porém o povo grego em geral era tido a reflexões filosóficas. Assim, era comum ver as pessoas reunidas às entradas das cidades, embaixo dos portais, discutindo e filosofando.

Desses grupos nasceu o estoicismo. A única escola filosófica que não tem um filósofo como mentor principal.

Dentre destacados filósofos estoicos, temos uma variedade incrível de pensadores, indo desde Epicteto, que era escravo e analfabeto, passando por Sêneca, que era senador romano, até o próprio imperador de Roma, Marco Aurélio, que era o homem mais poderoso do planeta na época.

O Deus estoico é a inteligência que está em tudo que é perfeito para seu *télos*, ou seja, sua função, e não foi feito pelo homem. Se a asa da águia é perfeita para voar, foi feita para voar e exerce sua função de forma excelente, ela é o divino. O divino estoico se apresenta imanente em cada coisa que é perfeita para sua função e não foi produzido pelo homem. Assim, podemos dizer que o pescoço da girafa, as nadadeiras de um golfinho ou mesmo nossos polegares opositores compõem o divino.

Passemos para o Deus cristão, ainda que, mesmo dentro do cristianismo, existam variantes.

RESUMO DO CAPÍTULO

VEJA BEM, AS COISAS NÃO FORAM CRIADAS PELO DIVINO. NÃO SÃO ORDENADAS PELO DIVINO. ELAS SÃO O DIVINO. CADA COISA QUE EXERCE SEU *TÉLOS* COM EXCELÊNCIA COMPÕE O DIVINO EM SUA PLENITUDE.

CAPÍTULO VII

O DEUS CRISTÃO

Estava aí até esses dias. Você poderia muito bem esbarrar nele se você estivesse andando pela Galileia ou pela Judeia. Ou o filho dele, dependendo da vertente do cristianismo que você está inserido. Considerando que o universo tem 14 bilhões de anos, Jesus esteve por aqui há apenas alguns instantes atrás na escala cosmológica do tempo.

Grandes mentes no decorrer da história se dedicaram a explicar Deus de forma racional, produzindo, assim, raciocínios finíssimos como reflexão. Nomes como Agostinho, Tomás de Aquino, Descartes, Pascal, entre tantos outros. Um pensador que me fascina em especial é Avicena, pensador persa que também tratou da temática deus, embora não do Deus cristão.

Pai amoroso, justo, poderoso, onipotente, onisciente, misericordioso, benevolente, arquiteto do universo, protetor, inteligente têm sido alguns dos adjetivos usados para descrever o Deus cristão ao longo dos séculos.

O Deus cristão, ou Jeová se você preferir, ou YHWH do hebraico, tem sido uma das grandes incógnitas da história. De um deus guerreiro e vingativo no Antigo Testamento, ele sofre uma grande transformação para o Novo Testamento, tornando-se assim a personificação do amor e da justiça (Êxodo 12:12; 1 João 4:7-8; João 3:16; Romanos 1:17; Romanos 3: 21-26).

Jeová é onisciente, onipresente, todo-poderoso e, como dissemos, é amor. Enviou seu filho à Terra para morrer por nós, pecadores. Absolutamente toda doutrina cristã é baseada nesses conceitos (salvo algumas variações, como a igreja católica, que adotou o conceito da trindade, onde o Pai, o Filho e o Espírito Santo são apenas uma pessoa).

DEFESA DO DEUS CRISTÃO

É bastante peculiar notar que os ditos filósofos racionalistas (que priorizam a razão) fizeram as maiores defesas de Deus na

Filosofia. Pelo menos os filósofos cristãos, como Agostinho, Kant, Descartes e outros.

• SANTO AGOSTINHO (354 - 430 d.C.), bispo de Hipona, fará considerações sobre Deus que atravessarão os séculos posteriores e servirão de base para inúmeros pensadores de peso. Dentre outras coisas, Agostinho dirá que só podemos pensar Deus, porque Deus nos permite pensá-lo. Isso, em si, para ele, já é prova mais do que suficiente de que Deus existe. Agostinho usa Platão como base teórica para seus argumentos.

Não pegou o raciocínio? Vamos tentar destrinchar o raciocínio de Santo Agostinho.

Deus é perfeito, Deus é eterno, Deus é infinito e ilimitado. Nós somos imperfeitos, nós somos mortais, nós somos finitos e limitados. Se somos imperfeitos, não poderíamos sequer cogitar algo perfeito. Em nossa imperfeição, pensamos imperfeito em tudo. A imperfeição é imanente ao nosso ser e a tudo que produzimos. Sendo assim, o fato de podermos pensar Deus perfeito só é possível porque Deus assim nos permite.

Se não fosse por Deus, não conseguiríamos pensar algo perfeito sendo imperfeitos. O mesmo raciocínio serve para a eternidade e a "infinitude".

Agostinho defendia a ideia de que só acharíamos Deus se olhássemos para dentro, para a imanência, e não para a transcendência. Poderíamos achar Deus de forma lógica e introspectiva, já que ele agia em nós, nos permitindo conhecê-lo. Exatamente o que defendia Platão, nós como seres humanos contemos duas partes, a finita e a eterna. Para Agostinho, essa parte eterna que podemos achar em nós é Deus.

• TOMÁS DE AQUINO (1225 - 1274) sem dúvida, ao lado de Santo Agostinho, forma a dupla de ouro dos pensadores da Igreja.

São Tomás de Aquino, como ficou conhecido, é o principal nome da escolástica cristã no século XIII.

Tomás de Aquino cristianiza Aristóteles e se vale de outros pensadores para formular suas cinco vias da existência de Deus. Em sua suma teológica, ele aponta quais são essas vias.

A saber:

1. Via do primeiro motor imóvel (sim, é o mesmo motor de Aristóteles). Esta primeira via supõe a existência do movimento no universo. Porém, um ser não move a si mesmo, só podendo, então, mover outro ou por outro ser movido. Assim, se retroagirmos ao infinito, não explicamos o movimento se não encontrarmos um primeiro motor que move todos os outros. Esse primeiro motor imóvel é Deus;

2. Via da primeira causa eficiente, a segunda via diz respeito ao efeito que este motor imóvel acarreta: a percepção da ordenação das coisas em causas e efeitos permite averiguar que não há efeito sem causa. Dessa forma, igualmente, retrocedendo ao infinito, não poderíamos senão chegar a uma causa eficiente que dá início ao movimento das coisas. Uma CAUSA PRIMEIRA. Sendo assim, Deus dá causa de si mesmo;

3. Via da contingência, é o que pode ser e pode não ser. Nós, por exemplo, estamos aqui, mas poderíamos não estar, assim como tudo no mundo. Contudo, como nada vem do nada, o ser primeiro necessariamente teve que existir. Esse ser primeiro, que NÃO é contingente, é Deus;

4. Graduação, as coisas no mundo têm graus de perfeição. Se existem graus de perfeição, tem que haver um grau máximo perfeito como gabarito. O homem é o animal mais próximo da perfeição, pois domina o mundo e é o único capaz de pensar e produzir intelectualmente. Se o homem foi criado à imagem e semelhança de Deus, Deus é necessariamente o grau máximo de perfeição;

5. Via ordinária, mais uma vez São Tomás de Aquino se vale de Aristóteles. Para Aristóteles, tudo no universo tinha seu *télos*, ou seja, sua finalidade. Nada no mundo é por acaso e tudo tem sua função ou finalidade. A pergunta é: quem determina o *télos* das coisas? O próprio São Tomás de Aquino responde, e a resposta é Deus. Se existe uma finalidade para tudo, alguém necessariamente determina essa finalidade. Sendo assim, o *télos* das coisas prova Deus.

A "Suma Teológica" de Tomás de Aquino será considerada o conselheiro final em assuntos que o clero não chegava a um consenso. Sua obra é tão extensa e tão conceituada que seguia como extensão do cânone bíblico para a igreja.

• RENÉ DESCARTES (1596 - 1650) faz outra reflexão extremamente refinada no que tange a provar Deus de forma lógica e racional.

Descartes viveu no auge do Renascimento. Saímos recém de mil anos de Idade Média, a chamada era das trevas. O conceito de que Deus é a resposta para tudo havia sido deixado para trás. O antropocentrismo grego retornará em pleno vigor. "O homem é a medida de todas as coisas" (Protágoras 481 a.C. - 411 a.C.). Sendo assim, o mundo ocidental se encontra mergulhado em uma ideologia chamada ceticismo. Com o ceticismo, não existem mais verdades absolutas, tudo é relativo.

Descartes quer provar que existem verdades absolutas, independentemente do ponto de vista. Para isso, ele começa a procurar algo que pudesse ser sustentado como verdade em qualquer circunstância. Ele passa a duvidar de tudo, absolutamente TUDO. Qual a ideia ou conceito que pode ser tido por verdade sem qualquer sombra de dúvida? O que me garante que eu existo? O que me garante que não sou um personagem no sonho de alguém?

Até mesmo as verdades matemáticas ele põe em xeque. "E se existir um gênio maligno que confunde nossas cabeças nos fazendo crer que as leis matemáticas são verdadeiras, quando não são?" E se esse gênio maligno me faz pensar que dois mais dois é igual a quatro sendo que na verdade é trinta e cinco?

Enfim, ele chega à conclusão de uma coisa que não pode ser duvidada, a própria dúvida. Não é possível duvidar da dúvida, se você duvidar, já estará duvidando. Daí surge sua grande frase "penso, logo existo", do latim: *cogito, ergo sum*, que na verdade seria "DUVIDO, logo existo". O verbo *cogitare*, do Latim, significa literalmente cogitar ou duvidar. O que Descartes queria dizer com isso? Ele quer dizer que se eu sou capaz de duvidar, e a dúvida é uma verdade *a priori* (é verdade por premissa, independentemente da situação), então, eu existo de fato.

Porém surge uma questão. Eu existo, mas o que me garante que tudo mais existe também? O que me garante que tudo que existe não está se passando na minha cabeça apenas? O que me garante que não estou sonhando e que esse universo é apenas fruto do meu sonho?

Para responder a essas questões, Descartes precisa achar uma ideia que seja verdade fora do *cogito*. Que ideia poderia ser uma verdade *a priori* e que estivesse fora do *cogito*, provando que tudo mais existe além de mim?

Após muita reflexão, ele se vale de Santo Agostinho para resolver essa questão. A ideia fora do *cogito*, que é verdade *a priori*, é Deus. Se a dúvida é a única coisa que é verdade *a priori*, e eu duvido, logo, eu existo. Mas se eu duvido, é porque sou imperfeito. Se eu fosse perfeito, não duvidaria. Se eu sou imperfeito, logo, não seria capaz de conceber a perfeição divina. Se consigo pensar que Deus é perfeito, é porque Deus assim o permite. Então, Deus existe.

Dada a conclusão de que Deus existe, e que é uma ideia *a priori* fora do *cogito*, ele começa a fazer o sentido inverso de seus questionamentos.

Se Deus existe, ele não deixaria que um gênio maligno confundisse nossas cabeças, logo, as leis matemáticas são verdadeiras. Se as leis matemáticas são verdadeiras, o mundo, que é regido por elas, também é verdadeiro e existe de fato, fora de mim. FINÍSSIMO COMO REFLEXÃO!!!

Confesso que fiquei deveras envaidecido com a clareza gritante da explicação por mim aqui apresentada. Se você acha que estou me vangloriando soberbamente, faço o singelo convite para que leia as duas obras de René Descartes onde ele apresenta seus raciocínios, a saber, *Discurso do método* (1637) e *Meditações metafísicas* (1641).

Pode ir, eu espero que leia as obras supracitadas antes de retomar esta obra. Aliás, faço questão de que pare esta leitura agora, vá ler as obras de Descartes, São Tomás de Aquino e de Santo Agostinho. Após isso, retorne radiante de ter um comentador vário e profícuo em simplificar conceitos tão complicados como o autor que vos escreve.

Arrogantes os últimos dois parágrafos? "Nossa, como esse cara se acha" você deve ter pensado. A arrogância e a soberba foram propositais. Não que você tenha pensado errado, porém, a ideia foi realmente provocar. Nietzsche dirá que o cristianismo estragou a humanidade. Dentre os problemas por ele apresentados, a falsa humildade está entre eles.

Veja bem, se você está elogiando um amigo por qualquer habilidade que ele possua, sua excelência no trabalho, por exemplo. Ao ser elogiado por você, ele simplesmente lhe olha e diz: "realmente sou bom no que faço. Sei que sou o melhor". Imediatamente, você irá se indispor com ele. Irá se arrepender de tê-lo elogiado tanto. E na mesma hora começará a vê-lo como arrogante e nada humilde.

Agora, faço uma pergunta a você: "Se realmente ele é bom no que faz, por que ele não pode declarar isso publicamente?". Nietzsche responde, por causa da falsa humildade cristã. Espera-se que ele aja humildemente, dizendo que não é nada demais, ou que só faz o seu serviço, como qualquer um. Essa humildade forçada, segundo Nietzsche, é por causa do conceito de Deus no cristianismo. Como Deus dá os dons a quem quiser, você não poderá se vangloriar de algo que lhe foi regalado por Deus. Sendo assim, tira-se o mérito do indivíduo e se credita a Deus. Contudo, deixemos Nietzsche para o final do livro. Vamos nos ater ao que René Descartes consagrou em sua obra, "duvido, logo existo".

- BLAISE PASCAL (1623 - 1662) vem logo na sequência de René Descartes. Pascal irá criticar Descartes, dizendo que não se pode explicar Deus de forma racional. É preciso senti-lo. Contudo, Deus se apresenta apenas para os que Ele quer.

"Calma lá, se ele faz uma defesa do Deus cristão, como ele diz que Deus só se apresenta para quem quiser? O Deus cristão não é justo?"

Muito bem perguntado. Também questionaram Pascal sobre a mesma temática. Pascal dirá que somos imperfeitos, e por isso não merecemos absolutamente nada da parte de Deus. Sendo assim, ele dá a sua benignidade a quem quiser, sem fazer qualquer injustiça aos que não a recebem, já que não merecem mesmo.

Curiosamente, após criticar Descartes por tentar explicar Deus de forma racional, Pascal usa a mesma racionalidade para apresentar sua defesa do Deus cristão.

Pascal foi um brilhante matemático, criador da calculadora e de teorias hidráulicas, dentre outros feitos. Entretanto, ficará extremamente conhecido por sua famosa aposta. A conhecida "aposta de Pascal".

Lembremos que Pascal era contemporâneo de Descartes em uma época predominada pelo ceticismo. A Idade Média tinha acabado há pouco tempo. Durante mil anos Deus foi a resposta para tudo. Agora, no Renascimento, uma onda de ateísmo se difundia em toda a comunidade acadêmica e cultural. Em vista disso, Pascal elabora sua famosa aposta como forma de convencer os céticos de que a saída mais lógica era crer em Deus.

Vamos à aposta de Pascal:

Ainda que, por suas deliberações racionais, você chegue à conclusão de que Deus não existe, é mais lógico você crer do que descrer.

Como assim?

Calma, irei explicar.

Dado que o Deus cristão promete a vida eterna aos que forem fiéis, esse é um fator crucial a ser considerado. Veja bem, se você se portar bem nessa vida por setenta ou oitenta anos, você ganhará a VIDA ETERNA. Não funciona assim, viveu bem oitenta anos e ganha oitenta anos no paraíso, ou ganha oitocentos anos no paraíso, ou ainda oitenta mil anos. Não, Ele promete a vida eterna.

Se você for ateu e estiver certo, você ganhou setenta ou oitenta anos. Se você for cristão e estiver errado, você perdeu setenta ou oitenta anos. Agora, se você for ateu e estiver errado, você perdeu a eternidade. Não é um milhão de anos, dez bilhões de anos ou cinquenta trilhões de anos, é a eternidade. Da mesma forma, se você for cristão e estiver certo, ganhou a eternidade de bem-aventurança.

Então, APOSTE EM CRER em Deus!!!

Sendo assim, mesmo que você não veja razões racionais para se crer em Deus, é mais lógico crer do que descrer.

Tudo bem, entendi a aposta de Pascal. Mas Deus não vai saber que você só está agindo assim por medo de perder a vida eterna?

Sim, Pascal também pensou nisso. Ele diz que, ainda que a princípio você aja por interesse, ao estar se reunindo na igreja constantemente e rezando, Deus tocará seu coração para que você realmente creia.

- ISAAC NEWTON (1643 - 1727), primeiro físico a explicar a gravidade, é extremamente conhecido por suas contribuições na Física. Tanto que a Física Clássica passou a ser nomeada Física Newtoniana. Suas descobertas e leis regem a física clássica até hoje. Porém o que poucos sabem é que Newton não só era cristão como ele também criou uma teoria para se provar Deus matematicamente.

Newton explica as órbitas planetárias por meio da gravidade. Para ele, a matéria não só é capaz de atrair matéria, bem como é capaz de repeli-la. Essa tensão entre as forças que mantêm tudo no universo de forma harmoniosa. Porém "onde entra Deus nessa história, professor?" Já vou explicar. Nesta altura do livro, ainda não aprendeu a confiar em mim?

Newton foi um marco na história da Física. Ele foi o primeiro a dividir a luz branca em vários espectros de cores diferentes. Ao direcionar a luz para um prisma, ele percebeu que ela se dividia em várias cores. Graças a ele, sabemos que a cor branca é a mistura de todas as cores primárias, e a cor preta na verdade é a ausência absoluta de cor. Estudioso da luz, Newton faz mudanças nos telescópios desenvolvidos por Galileu e por Kepler. Ao dispor lentes diferentes de várias formas, Newton foi um dos primeiros a ver o universo de forma mais próxima. Ele sabia que o universo não é cósmico. Lembra do que significa Cosmos? Significa ordenado. Por causa de Zeus, lembra? Enfim, voltemos a Newton.

Isaac Newton tinha conhecimento sobre cometas, asteroides e outros corpos celestes que atravessam as órbitas planetárias. Se a massa do Sol, por meio da gravidade, atrai os planetas e a força entre eles os repele, mantendo a relativa estabilidade nas órbitas, por que essas não colapsam quando são afetadas por cometas, asteroides e corpos semelhantes? Simples, porque Deus assim o quer. Ou seja, Deus interfere com sua vontade para que as coisas sejam como são, ainda que regidas sob as leis físicas.

Seguem três citações de Newton a respeito de Deus:

"Do meu telescópio, eu via Deus caminhar! A maravilha, a harmonia e a organização do universo só podem ter se efetuado conforme um plano de um ser todo-poderoso e onisciente."

"A gravidade explica os movimentos dos planetas, mas não pode explicar quem colocou os planetas em movimento. Deus governa todas as coisas e sabe tudo que é ou que pode ser feito."

"A maravilhosa disposição e a harmonia do universo só podem ter tido origem segundo o plano de um Ser que tudo sabe e tudo pode. Isso fica sendo a minha última e mais elevada descoberta."

Podemos notar como Newton credita a Deus a ordem universal. Ele não só coloca Deus como organizador, mas principalmente como causa primeira de todo o universo.

Embora Newton cresse nas leis físicas e ele explicasse como elas regem o universo, não podia explicar como elas foram estabelecidas e nem como mantinham seu equilíbrio. A explicação dada por ele foi Deus, a causa primeira.

Quando perguntaram a Einstein se ele acreditava em Deus, ele respondeu:

"Acredito no Deus de Spinoza, que se revela por si mesmo na harmonia de tudo o que existe, não no Deus que se interessa pela sorte e pelas ações dos homens". (Albert Einstein)

Resta-nos a pergunta: quem é o Deus de Spinoza?

CAPÍTULO VIII

O DEUS DE SPINOZA

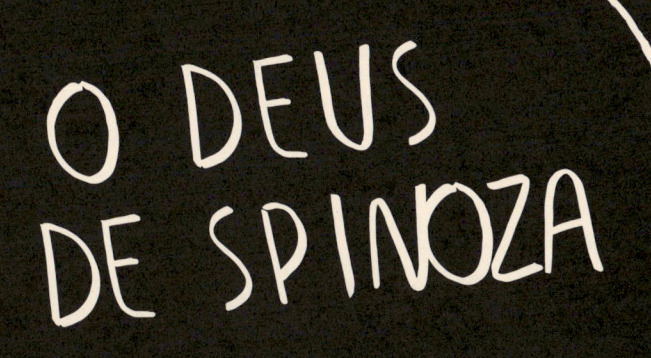

Baruch Spinoza (1632 - 1677) foi um filósofo do século XVII que está entre os grandes racionalistas. Spinoza vinha de uma tradição familiar judaica. Por suas ideias diferentes com relação a Deus, ele foi excomungado e deserdado da família e da comunidade judaica aos 22 anos.

Spinoza dirá que a força que rege o universo é Deus. Tudo bem, você dirá, e o que tem de novo nesse deus? Veja bem, o Deus de Spinoza é uma energia orquestradora que, diferentemente do Deus cristão transcendente, é imanente a todas as coisas.

"Espere aí, professor, esse Deus não é igual ao Deus estoico?" Muito parecido, mas o Deus de Spinoza tem particularidades que o diferem do Deus estoico. Esse Deus não se preocupa se você faz ou deixou de fazer algo. Ele não pede devoção e nem exige dogmas. O Deus de Spinoza apenas é, e sendo, organiza tudo, apenas por ser. Contudo, ele tem alguns aspectos ímpares bem interessantes. O Deus de Spinoza necessariamente é imanente a todas as coisas. Por quê?

Vejamos o raciocínio de Spinoza:

Deus é eterno e infinito. Sendo infinito, nós não podemos limitá-lo. Dessa maneira, Deus, necessariamente, tem que estar em nós, pois se não estivesse, nós limitaríamos Deus. Como Ele é infinito e não se pode limitar, temos que conter Deus. Além do mais, somos parte de Deus. Como podemos fazer parte de Deus se somos mortais e ele é imortal e infinito?

Assim como as células de nosso corpo estão constantemente morrendo e se renovando para que possamos viver, assim também nós somos a parte mortal de Deus para que ele seja eterno.

SIMPLESMENTE SENSACIONAL!!!

NOTA

Embora Spinoza fosse judeu, seu conceito de Deus não é o mesmo do judaísmo. Por isso, fiz uma separação entre o Deus de Spinoza e o Deus judeu.

CAPÍTULO IX

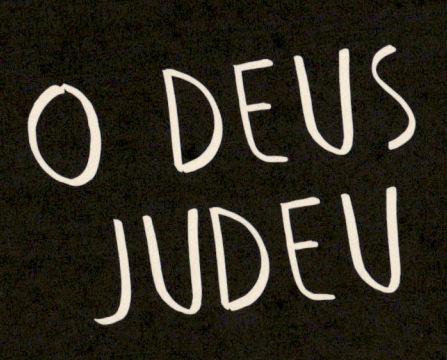

O DEUS JUDEU

O Deus judeu *a priori* é o mesmo Deus do cristianismo, ou seja, Jeová. Porém, quando analisamos um pouco mais a fundo o conceito de deus no judaísmo percebemos que essa igualdade "cai por terra".

Para os judeus é muito difícil entender como o conceito monoteísta de Deus todo-poderoso e benevolente se encaixa no cristianismo.

O cristianismo prega a onipotência de Deus, bem como sua benevolência. Contudo, o nega em sua doutrina.

— "Como assim, professor?" Irei explicar.

Se Deus é onipotente e benevolente, por que precisa do sacrifício de Jesus para contrabalancear a balança divina?

Veja bem, o conceito cristão diz que Jesus deu sua vida para pagar os pecados da humanidade. Esse conceito estabelece que a justiça divina esteja posta em uma balança. É necessário que haja uma compensação. Contudo, se assim for, Deus não é onipotente, e nem tampouco benevolente.

O Deus da Torá (cinco primeiros livros da Bíblia), ou pentateuco, era um deus guerreiro e punidor, como dissemos no começo deste livro. Porém ele era provido de poder absoluto, assim como também de suas outras qualidades, como a benevolência. Ele não estava preso a qualquer sanção.

Se Deus é realmente onipotente, e ele quer perdoar, ele vai e perdoa. Não precisa de manobras para justificar seu perdão. Além do mais, não existe benevolência se outro tiver que pagar nossa dívida. A benevolência se faz na extinção da dívida sem qualquer ônus ao devedor ou qualquer outro. Se a dívida deve ser paga de qualquer forma, não existe perdão, mas sim uma transferência de responsabilidade. Ainda mais se, para pagar a dívida da humanidade consigo, Deus exige a morte de seu filho. Esse conceito não cabe na ideia de Deus no judaísmo. Vou exemplificar para deixar mais claro:

Imagine que você tem uma dívida comigo de R$ 1.000,00 (mil reais). Se eu exijo que essa dívida seja paga de qualquer forma, não existe qualquer perdão, ainda que ela seja paga por meu filho e não por você. Na verdade seria até pior. Para que eu seja realmente benevolente, eu deveria perdoar a dívida sem qualquer ônus para ninguém. Se eu preciso pedir autorização a alguém ou tiver que fazer qualquer manobra para que a dívida seja paga, também não tenho total poder de decisão sobre a dívida. Dessa forma, para o Judaísmo, o conceito de expiação de pecados pelo sacrifício de Jesus invalida a ideia monoteísta de Deus suprassumo do amor e suprassumo do poder.

• MAIMÔNIDES (1138-1204) ou Moisés Maimônides foi um teólogo e filósofo judeu. Diz-se que entre Moisés e Moisés não houve nenhum profeta maior. Ou seja, desde o Moisés bíblico, que segundo o Velho Testamento liderou a saída do povo de Israel do Egito, até Maimônides no século XII, o judaísmo não reconhece nenhum profeta com tamanha importância quanto ele.

Em sua obra mais famosa, *O guia dos perplexos*, Maimônides formulou treze princípios fundamentais da fé hebraica:

1 - Deus existe;

2 - Deus é único;

3 - Deus é espiritual e incorpóreo;

4 - Deus é eterno;

5 - A adoração é reservada somente para Deus;

6 - Deus se revelou através de seus profetas;

7 - Moisés foi o primeiro entre os profetas;

8 - Deus entregou suas leis no Monte Sinai;

9 - A Torá é imutável como lei de Deus;

10 - Deus conhece as ações humanas antes delas acontecerem;

11 - Deus recompensa o bem e pune o mal;

12 - O Messias vai vir;

13 - Os mortos vão ressuscitar.

Esses treze princípios serão motivos de muita controvérsia no mundo judaico. Para Maimônides, não temos como conhecer as coisas antes da criação, qualquer especulação sobre eternidade não é válida, pois só conhecemos as coisas em ato e não em potência. O homem é livre para fazer o que quiser, porém Deus já tem tudo predeterminado. Esses dois princípios parecem contraditórios, mas, para Maimônides, não são. Como Deus concilia esses princípios não temos como saber.

O mundo é contingente, pois poderia ser diferente, já Deus é o ser necessário, pois Ele é o que é, e não poderia ser diferente.

CAPÍTULO X

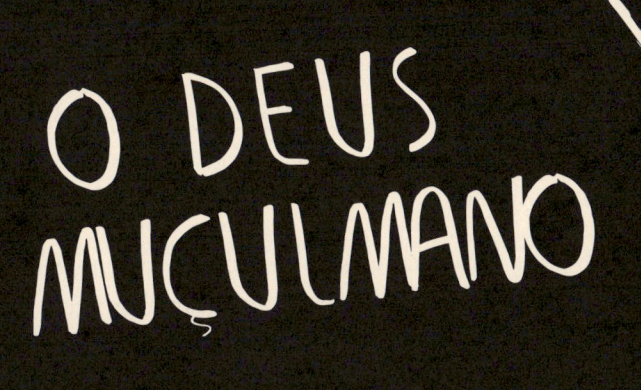

O DEUS
MUÇULMANO

Esse eu conheço, você dirá. É Alá! Sinto lhe informar, mas você está equivocado. O Deus muçulmano é por essência o mesmo Deus de Abraão, ou seja, Jeová.

Espere aí, professor. Como assim o Deus muçulmano não é Alá? Assim como Deus em inglês é God, em árabe é Alá. Ou seja, Alá não é o nome de Deus, é simplesmente a palavra árabe para Deus. O Deus muçulmano é o mesmo Deus da Torá judaica ou do primeiro testamento da Bíblia cristã.

Enquanto o mundo cristão passava pela Idade Média, sob as opressões e sanções da Igreja, o Islã era conhecido como a religião do amor. Em tempos de radicalismo terrorista, fica muito difícil para os ocidentais acreditar que um dia o Islã foi conhecido como religião do amor. Contudo, nos mil anos de Idade Média, ou Idade das Trevas, a religião que atemorizava e disseminava medo no mundo era o cristianismo. O mundo islâmico florescia em cultura e desenvolvimento intelectual.

Vale lembrar que, durante a Idade Média, o cristianismo queimou quase todas as obras filosóficas encontradas nos países dominados. Coube aos árabes preservar e traduzir as obras que puderam do grego antigo. Sobretudo Aristóteles, que era um pensador em alta durante esse período.

• AVICENA (980 d.C.-1037 d.C.), ou Abu Ali Huceine Ibne Abdala Ibne Sina, foi um filósofo e médico persa que viveu na chamada era de ouro do Islã. Grande pensador e médico, seu compêndio médico vigorou como um dos mais completos por séculos, sobretudo sobre a anatomia do olho humano e do aparelho reprodutor feminino.

Avicena nos apresenta alguns conceitos bastantes peculiares. Podemos notar que pensadores posteriores a ele usaram muitos de seus preceitos, inclusive pensadores cristãos que já abordamos neste livro. Pensadores como Tomás de Aquino e René Descartes, entre outros.

"Experiência do homem voador", foi como ficou conhecida uma situação hipotética proposta por Avicena. Imagine uma pessoa que nasceu sem os cinco sentidos, supondo que ela tenha a consciência plenamente desenvolvida de alguma forma, como ela saberá que existe realmente?

Sendo um dualista, Avicena acreditava em uma alma imortal que sobrevivia ao corpo, contradizendo assim a tradição islâmica que crê em uma ressurreição do corpo e da alma.

O homem voador não sente o mundo exterior, pois o que nos conecta com o mundo são nossos sentidos. Sendo assim, ele necessariamente se volta para dentro de si. Essa consciência de si mesmo só é possível por causa da alma, que transcende ao corpo. Para tanto, ele fala sobre Deus.

Para Avicena existem dois tipos de seres, os seres contingentes e o ser necessário. Tudo no mundo é contingente, pois poderia não existir ou poderia existir de forma diferente. Mas para que existam os seres contingentes, existe um ser necessário. Um ser que necessariamente deu causa a todos os outros seres. Esse ser necessário é Deus. Para ele, o mal não existe em si. O que existe é um distanciamento do ser necessário e perfeito que é Deus. Sendo assim, o mal é a ausência de Deus. Quanto mais distante um ser contingente estiver do ser necessário, mais ele estará suscetível ao mal.

Esse grande pensador muçulmano figura entre os grandes nomes da história do pensamento.

CAPÍTULO XI

O MODERNISMO DE IMANNUEL KANT

MANNUEL KANT (1724-1804) é definitivamente um dos maiores nomes da história da Filosofia, também é um marco na Filosofia moderna. Embora a modernidade tenha começado oficialmente com René Descartes, Kant é considerado por muitos autores o grande nome da modernidade.

Mesmo sendo cristão, Kant traz uma perspectiva bastante peculiar com respeito ao conceito de Deus e de moralidade.

Até Kant, Deus era o gabarito sobre conduta moral. Ou seja, se quisesse saber se uma atitude era ética ou não, buscava-se a interpretação divina sobre a ação. A grande inovação de Kant foi trazer a moralidade para o homem. Para tanto, ele elabora algumas teorias que deveriam nortear a ação humana em prol da ética.

Vamos entender alguns conceitos para depois poder entender como Kant interpreta Deus.

Agir POR DEVER e SEGUNDO O DEVER.

Agir por dever: é quando se age segundo convicções do que é correto, independentemente da circunstância. Por exemplo, você acha um pacote de dinheiro, e você sabe quem é o dono. Ainda que não seja um amigo ou parente, você devolve imediatamente, pois pensa ser o correto a fazer;

Agir segundo o dever: é quando se age de forma correta, porém não por convicção, mas sim por receio de alguma sanção ou coação. Como assim? Pensemos no mesmo exemplo do pacote de dinheiro. Você acha o pacote e fica tentado a ficar com ele. Porém começa a ficar com medo de alguém desconfiar, ou de alguma câmera tê-lo gravado achando o pacote. Sendo assim, você vai e devolve o pacote para o dono.

Nos dois casos acima, você devolveu o dinheiro, porém, para Kant, no primeiro você foi ético e no segundo não. No segundo caso, você só devolveu o dinheiro porque ficou com medo, se tivesse certeza que nada lhe aconteceria, não teria devolvido. Então agiu SEGUNDO o dever, e não POR dever.

Ok, professor, entendi o conceito, mas como eu sei o que é correto e o que não é? Para tanto, Kant nos apresenta seu imperativo categórico.

Imperativo categórico: *"Aja de tal maneira a querer que suas ações se tornem uma lei universal" (Immanuel Kant).*

Não entendeu? Vou explicar.

Para sabermos se nossa ação é correta ou não (leia-se aqui ética), devemos pensar como seria o mundo se essa ação fosse uma lei universal. Se essa ação, como lei universal, fizer o mundo melhor, então ela é ética, se fizer o mundo pior, não é ética. Quer um exemplo?

Suponha que deseje pegar certa quantia em dinheiro emprestado com um amigo. Contudo, sabe que não terá condições de pagar. Pelo menos não no prazo prometido. Porém você precisa muito do dinheiro e seu amigo tem uma boa quantia guardada. Você deve pegar o dinheiro, mesmo sabendo que não conseguirá cumprir o acordo de pagamento? Vamos pôr essa situação no imperativo categórico de Kant. Supondo que pegar dinheiro emprestado sabendo que não pagará seja uma lei universal, ou seja, todos devam agir assim. Como será o mundo? Será que alguém mais vai emprestar dinheiro sabendo que ninguém honrará com seus compromissos? As amizades permanecerão firmes se todos desonrarem suas dividas? O mundo seria melhor? Se a resposta a essas perguntas for negativa, a ação não deve ser feita, pois não é ética.

Vamos fazer uma contraprova? Agora suponha que deseje pegar o dinheiro emprestado e pagá-lo como combinado. Vamos pôr no imperativo categórico de Kant. Se for uma lei universal que todos que peguem empréstimos paguem devidamente como combinado. O mundo seria melhor ou pior? Se a resposta for melhor, é porque a ação é ética.

Kant faz uma distinção entre desejo e vontade. Para ele, são conceitos diferentes. Entender cada um deles nos ajudará a compreender as máximas kantianas.

Desejo: é produção corpórea. Nosso corpo deseja, sem qualquer interferência da razão. O desejo é irracional.

Vontade: é o que decidimos fazer com nosso desejo. A vontade é o resultado de uma equação intelectual sobre o que decidimos fazer ou não. Sendo assim, a vontade é racional.

Kant é o primeiro a tirar a responsabilidade da moral de Deus e trazer para o ser humano. Para ele, é responsabilidade de cada um se portar pelas máximas do que é bom independentemente de qual seja a situação. E onde entra Deus nisso tudo?

Em sua obra *Crítica da razão pura*, Kant faz uma análise do conceito de Deus. Para ele, metafísica era tudo que não poderia ser captado por nossos sentidos. Até mesmo o que conhecemos por abstrato, como o conceito de liberdade, ele considera metafísica. Sendo assim, Kant nos diz que Deus não pode ser percebido pelos nossos sentidos, dessa forma, ele é improvável. Improvável por não poder ser provado, porém também não pode ser negado, pelo mesmo motivo. Deus não pode ser conhecido, pois o conhecimento é o resultado do objeto externo que passa pelas minhas percepções de sentido e da razão.

Pensar Deus de forma racional, para Kant, é um engano. Pois nossa racionalidade é limitada e não conhecemos o todo. Se pensarmos Deus racionalmente, chegaremos obrigatoriamente à conclusão de que Ele é o ser necessário. O ser primeiro que deu causa de tudo. Porém essa conclusão é apenas para satisfazer nossa necessidade de termos uma resposta lógica para tudo. No fim, é mera especulação.

Mas professor, você não disse que Kant era cristão? Ele não acreditava em Deus?

Sim, eu disse. Contudo o pensamento de Kant não acaba aí.

Para ele, o homem puramente racional seria ético, pois agiria por seu imperativo categórico. Então, por que as pessoas não fazem isso? Porque não somos apenas razão, também temos nossos desejos e pulsões. Como conciliar razão e desejos de forma equilibrada para que possamos conviver em sociedade? Nesse momento entra Deus. Para Kant, temos que acreditar que quem nos criou, parte racional, parte desejos naturais, nos fez em equilíbrio entre esses dois polos. Sendo assim, para Kant, Deus deve ser crido pela fé, e não pela razão.

Dessa forma, Kant apresenta um pensamento de transição do teocentrismo (Deus no centro de tudo), da Idade Média, para o antropocentrismo (homem no centro de tudo), da Modernidade. Mesmo cristão, Kant passa a responsabilidade da vida para o próprio homem, possibilitando assim uma síntese entre os medievais e os modernos.

RESUMO DO CAPÍTULO

Kant não mata a metafísica, ele apenas deixa claro que nosso intelecto não pode conhecê-la. Não podemos conhecer Deus, pois ele não pode ser percebido por nossos sentidos. Debater se Deus existe ou não é irrelevante, pois ele deve ser crido pela fé e não pela razão.

CAPÍTULO XII

OS CAVALEIROS DO ATEÍSMO

Peste, Guerra, Fome e Morte são os quatro cavaleiros do apocalipse, descritos no último livro da Bíblia, Revelação (Apocalipse). Os cavaleiros do apocalipse são o prelúdio do Armagedom.

Em alusão a esses cavaleiros descritos na Bíblia, falaremos agora dos pensadores modernos que contestaram tudo o que vimos até agora. Peço uma licença poética para incluir mais um pensador a essa analogia. Uma licença poética para apresentar cinco cavaleiros e não quatro.

Os grandes nomes que têm marcado a crítica à religião e, sobretudo, ao conceito do Deus cristão são os filósofos Ludwig Feuerbach, Karl Marx, Charles Darwin, Friedrich Nietzsche e o médico psiquiatra Sigmund Freud.

Os cinco pensadores supracitados formam o maior "arcabouço" de contestação da ideia de divindade.

• LUDWIG FEUERBACH (1804 - 1872), filósofo alemão, abandona o curso de teologia para estudar Filosofia com Hegel. Sua obra-prima é um livro chamado *A essência do cristianismo*. Essa obra irá influenciar grandes pensadores, inclusive Karl Marx, de que falaremos a seguir.

Em sua obra, *A essência do cristianismo*, Feuerbach faz uma dura crítica ao cristianismo e, sobretudo, à ideia do Deus cristão. Ele dirá que, diferentemente do que diz a Bíblia, não somos a imagem e semelhança de Deus, mas sim o contrário. O Deus cristão é a própria idealização do homem projetada na ideia de Deus.

"O homem criou Deus para ser o suprassumo de todas as qualidades que gostaria de ter e não tem". Ou seja, o homem gostaria de ser amoroso, então, Deus é o suprassumo do amor. O homem gostaria de ser justo, então, Deus é o suprassumo da justiça. O homem gostaria de ser poderoso, então Deus é o suprassumo do poder. Já deu pra entender o conceito, né? Tudo que você imaginar que o homem quer ser, Deus é o máximo possível dessa qualidade (leia-se aqui homem como representante da raça humana. Tanto faz se é homem ou mulher. Embora eu desconfie que desde sempre o mundo foi machista. Então, podemos creditar a elaboração de conceitos muito mais aos homens do que às mulheres. Não por falta de capacidade intelectual delas, mas sim por pura repressão sexista). Voltemos a Feuerbach. Ele ainda dirá que tais qualidades são excludentes entre si.

Exemplo:

É impossível ser o suprassumo do amor e da justiça ao mesmo tempo. Ser o mais alto grau de amor pressupõe perdão e aceitação, enquanto ser o suprassumo da justiça pressupõe rigidez e punição. Não tem como ser o suprassumo do amor e da justiça ao mesmo tempo. Se ele se apegar a uma qualidade, estará agindo em detrimento da outra. Esse raciocínio vale para as outras qualidades em que Ele seja o suprassumo.

Sendo assim, segundo Feuerbach, Deus foi feito à imagem e semelhança do homem.

• KARL MARX (1818 - 1883), "esse eu conheço, é o pai do socialismo". Exatamente esse, caro leitor. Embora Marx não seja propriamente o "pai" do socialismo, com certeza ele é o mais conhecido pensador socialista.

Grande estudioso de Ludwig Feuerbach, Marx é fortemente influenciado por ele. Tanto que Marx tem um livro chamado *Teses sobre Feuerbach*. Porém, não se engane, as teses de Marx sobre Feuerbach são críticas ao materialismo contemplativo em contraposição ao seu materialismo histórico. Contudo, o viés materialista é mantido.

Antes de seguirmos falando de Marx, entenda que, se você gosta ou não das ideias socialistas, não faz a menor diferença. Se você tem algum viés político de esquerda ou de direita, não faz a menor diferença. O que você, caro leitor, tem que ter em mente é que, queira ou não, ele é um dos pensadores mais influentes da nossa época. Suas ideias deram início a revoluções e a guerras. Durante décadas, vivemos sob o manto da Guerra Fria, porque o mundo se dividiu em dois blocos, o capitalista e o socialista.

(Se você não sabe o que é Guerra Fria, o tio explica. Após a Segunda Guerra Mundial, as duas grandes potências bélicas do mundo, EUA e União Soviética, travaram uma ameaça atômica velada uma contra a outra. Todos no mundo tinham certeza de que o mundo iria acabar em uma guerra nuclear entre esses dois países. A essa tensão, que era real, mas não era declarada, se dava o nome de Guerra Fria. Hollywood se esbaldou em criar filmes de espionagem entre países dos dois blocos, sendo que o mais conhecido deles é o filme sobre o agente britânico 007. A Guerra Fria só teve fim com a extinção da União Soviética em dezembro de 1991).

Para entendermos o conceito de Deus em Marx, precisamos fazer um pequeno apanhado de seus principais conceitos, pois toda sua Filosofia gira em torno deles.

Primeiro devemos entender o contexto histórico-político ao qual ele estava inserido.

Para Marx, o que movimenta o mundo é a luta de classes. Ou seja, uma luta entre a elite e o povo. Marx viveu no auge da Segunda Revolução Industrial, onde não existiam leis trabalhistas ou qualquer garantia ao trabalhador. Ele chamava essas duas classes de burguesia e proletariado (na verdade, o termo burguesia se referia à classe comercial que ascendeu economicamente, tomando o lugar da elite feudal e explorando a mão de obra barata).

Durante o século XIX, quando viveu Marx, a carga horária de um operário chegava a 14 horas diárias, sem direito a férias, saúde ou qualquer outra garantia. Crianças, idosos e mulheres recebiam bem menos que um homem adulto. Sendo assim, era comum empregadores buscarem mão de obra entre essas classes.

A Revolução Industrial proporcionou a abertura de inúmeras fábricas. Cada nova indústria demandava mais mão de obra. Dessa forma, a exploração do proletário pela burguesia só aumentava a distância social entre eles, bem como a concentração de renda na mão de uns poucos.

O que acontecia? Quando o proletário (leia-se aqui, trabalhador) se machucava, ou ficava muito velho para trabalhar, era sumariamente dispensado sem qualquer assistência, criando assim um quadro de pobreza e distanciamento social cada vez maior. Marx achava inconcebível os donos de uma empresa oprimirem milhares de pessoas sem qualquer revolta por parte dos trabalhadores. É exatamente observando esse quadro que ele cria o seu mais conhecido conceito, o de "mais-valia".

"Mais-valia" é o conceito de valor final de um produto, somados os custos de produção, a mão de obra do proletário e o lucro da burguesia.

Já ouviu a frase "se o proletário tudo produz, a ele tudo pertence"? Então, ela só NÃO É DE MARX, como está errada. A frase correta foi dita por um pré-marxista chamado Ferdinand Lassalle (1825 - 1864). E a frase que realmente foi dita foi: "se a classe operária tudo produz, tudo ela merece".

Marx não era bobo e nem tampouco ingênuo, ele sabia que o dono da empresa tinha investido seu dinheiro e corria os riscos do mercado. Porém a diferença social, gerada pela exploração do trabalho do proletário pela burguesia, criava uma desigualdade social cada vez maior. Além disso, o capital investido só gerava lucro por causa do proletário que imprimia seu trabalho. O que ele não entendia era porque os proletários não se revoltavam e tomavam os meios de produção.

É exatamente aí que queremos chegar.

É nesse ponto que Deus entra na teoria marxista. Para Marx, tanto Deus como a religião são instrumentos de manipulação ideológica.

Manipulação ideológica: instrumento pelo qual se induz alguém ou grupo a agir de alguma forma sem precisar de coação.

Vamos exemplificar:

Supondo que o governo queira dar mais poder as forças armadas, porém não quer se impor pela força, pois isso demandaria muita opressão e desgaste político. Para esse fim, o próprio governo permite o caos na segurança pública, restringe a atuação das polícias e do judiciário. Em determinado momento, O POVO clamará por medidas drásticas do governo, muitas vezes pedindo a intervenção militar. No fim das contas, o governo conseguiu o que queria e ainda saiu como salvador. Essa manobra de manipulação em massa é a manipulação ideológica.

Para Marx, tanto a religião como a própria ideia de Deus não só são ferramentas de manipulação ideológica como são instrumentos de DOMINAÇÃO IDEOLÓGICA. É quase a mesma coisa, mas com uma diferença sutil. Enquanto a manipulação ideológica pode ser efetuada em episódios distintos, a dominação ideológica visa manter uma casta de dominância sobre um povo.

O que o filósofo não entendia era por que os trabalhadores não se revoltavam, visto que estavam sendo claramente explorados. Por que os trabalhadores não se uniam e não tomavam os meios de produção?

Ao buscar a resposta para essa pergunta, ele chega a uma conclusão na sua famosa frase: "a religião é o ópio do povo". Já ouviu essa frase antes? Sabe o que ela quer dizer? Vejamos.

O ópio é uma droga proveniente da papoula de forte ação analgésica, usada na produção de morfina, heroína e outras sustâncias, além de produzir uma condição hipnótica. O usuário de ópio fica inerte, sem sentir o que se passa ao seu redor e totalmente suscetível ao que mandarem fazer. Dependendo da dose, o usuário poderá ficar completamente letárgico e dormente para o mundo a sua volta.

Ok, professor, já entendemos. Mas o que isso tem a ver com Deus?

Como assim? Não deu para "pegar" a analogia?

Para Marx, por pior que esteja sua vida, por mais explorado que você seja, por mais desgraçada que seja sua condição, SEMPRE haverá um padre, pastor, pai de santo, guru, guia espiritual ou qualquer outra denominação para te "ajudar". E o que eles dirão? "Irmão, DEUS não dá provação que você não possa aguentar", "Deus sabe o que faz", "Deus está preparando algo melhor para você", "confie em Deus e tudo dará certo no final". Em último caso, "Deus preparou um futuro melhor para nós no céu".

Ah, esqueci a melhor de todas: "Deus escreve certo por linhas tortas".

Ou seja, Deus é o motivo pelo qual as pessoas se mantêm oprimidas. Lembram-se da aposta de Pascal? Então, é exatamente nessa linha que Marx discorre seu materialismo histórico. Porém em Pascal a escolha era pessoal. Em Marx, Deus é uma ferramenta de dominação ideológica, mantendo o povo oprimido enquanto a elite desfruta dos frutos dessa exploração.

Vamos entender melhor:

Quando o primeiro homem começou a dominar sobre outros, ele necessariamente tinha "capangas" (leia-se exército, polícia, seguranças ou qualquer outra denominação que defendesse a "lei"). Não se consegue dominar um povo sozinho. Ao acumular bens e poder, seus "capangas" mantinham o povo controlado. Porém, por mais repressora que possa ser a vigilância, não tem como vigiar todos o tempo todo. Para isso, segundo Marx, cria-se Deus. Veja bem, Deus vê todas as coisas. Mais do que isso, ele consegue saber seus pensamentos. Mais do que isso, ele é capaz de ler as intenções do seu coração. Além disso, a ira de Deus é assustadora, você será destruído para sempre ou passará a eternidade em tormento. Porém, se você se portar bem, dentro da lei, terá uma recompensa eterna.

A dominação ideológica faz com que o oprimido concorde com a visão de mundo do opressor. Quer outro exemplo? Sem problemas, posso dar exemplos aos milhares.

Suponha que um empregado vá pedir um aumento ao seu patrão, pois está achando seu salário muito baixo. Ao ouvir a negativa do patrão, ele também escuta: "se não estiver satisfeito, existem dezenas sem emprego querendo seu lugar". Não é exatamente isso que você ouve da boca da grande maioria dos trabalhadores?

"Está ruim, mas não posso reclamar; pelo menos eu tenho emprego. Tem gente que nem isso tem. Se eu reclamar tem um monte pra pegar meu lugar". É EXATAMENTE O MESMO DISCURSO. O oprimido, em grande parte, concorda com a visão de mundo do opressor.

Para Marx, a própria ideia de Deus sempre girou ao redor da luta de classes. Deus foi criado para manter o povo apaziguado e submisso, esperando sempre uma recompensa posterior.

Enquanto existir Deus, o proletário nunca irá se revoltar contra seus opressores. O que Marx chamava de revolta armada do proletariado (pelo visto, Marx não tinha muita imaginação para nomear movimentos de revolta. Hahaha).

Só poderia haver uma igualdade social se as classes sociais fossem extintas. E isso só ocorreria se os proletários se revoltassem e tomassem o poder. Não poderiam nunca esperar que a burguesia dividisse o capital de forma igualitária. Tudo isso só poderia ocorrer se não houvesse mais religião e nem a ideia de Deus.

Dessa forma, Marx possibilita uma perspectiva prática para o socialismo. Baseado em suas teorias, fez-se a Revolução Russa em 1917, onde o partido bolchevique tomou o poder. Como meio de instalar as ideias socialistas, o país é declarado ateu, e qualquer culto ou adoração é proibido, dentre inúmeras outras medidas. Outros países seguirão a mesma ideologia posteriormente, embora cada uma interpretasse Marx à sua conveniência.

• CHARLES ROBERT DARWIN (1809 - 1882) definitivamente é o maior nome do ateísmo de todos os tempos. Naturalista, geólogo e biólogo britânico, com certeza figura entre um dos mais conhecidos pensadores da história. Não buscou fama de ateu e nem tampouco buscou briga com a Igreja, porém suas descobertas mudariam os rumos da história.

Charles Darwin ficará conhecido por sua teoria da "Seleção Natural das Espécies". Exposta em seu famoso livro *A origem das espécies* (1859).

O que poucas pessoas sabem é que não foi Darwin que formulou essa teoria. Empédocles (490 a.C. - 430 a.C.), filósofo e médico grego, já dizia que o mundo vivia em transformação e que apenas os mais adaptados ao meio sobreviviam, quase quinhentos anos antes de Cristo. Pelos próximos dois mil e quinhentos anos, outros pensadores também farão observações na mesma linha. Então, por que Darwin ganhou tanta fama?

O fato de não ter elaborado a teoria inicial não tira qualquer crédito do naturalista britânico. Durante vinte anos, ele viajou pelo mundo catalogando e estudando animais e fósseis de todas as espécies. Darwin foi o primeiro a apresentar PROVAS CONCRETAS de que a seleção natural realmente existe.

Por que ele demorou vinte anos para divulgar sua pesquisa? Exatamente porque não queria deixar espaços para dúvidas.

Alguns cientistas já tinham teorias parecidas, como a teoria dos pescoços das girafas, do naturalista francês Jean-Baptiste de Lamarck (1744 - 1829). Porém Lamarck dizia que o pescoço da girafa ia se alongando pela necessidade de alcançar as folhas mais altas das árvores. O que Darwin constatou foi que apenas as de pescoços mais compridos sobreviviam, aumentando a média dos pescoços com o passar das gerações.

Darwin catalogou centenas de casos em que animais da mesma espécie, que viviam em locais diferentes, apresentavam mudanças anatômicas para melhor se adaptar ao seu hábitat. Contudo, essa adaptação era lenta e progressiva.

Muito legal a história de Darwin, professor, mas não estamos falando de Deus? O que isso tudo tem a ver com o tema? Muito bem, vamos ao ponto então.

Embora no século XIX a ciência caminhasse a passos largos, a grande maioria dos cientistas tinha por premissa a criação da vida por Deus. A comunidade científica aceitava a ideia de que o mundo havia sido criado, assim como seus respectivos habitantes. O que Darwin fez foi mostrar, de forma científica, que todos os seres evoluíram de uma única forma de vida. Essa preposição abalou todo o mundo acadêmico/científico, haja vista Darwin apresentar vinte anos de pesquisa e material abundante.

O que Darwin deixa claro é que a natureza não é perfeita e que não existe um projetista que desenhou cada espécie. O que existe de fato é um processo de tentativa e erro, onde os que não conseguem se adaptar simplesmente desaparecem.

Se todos os seres vivos evoluíram de uma única forma de vida, não foi Deus que criou cada espécie. Isso causou uma comoção por parte da Igreja e um grande movimento de oposição por parte dela. Até que, décadas mais tarde, a Igreja se viu obrigada a aceitar que a teoria da evolução, com ressalvas, não contradizia a fé. Tanto que, após sua morte, ele foi enterrado na abadia de Westminster ao lado de Isaac Newton.

Darwin possibilita, assim, uma fonte de conhecimento concreto aos que contradiziam a teoria da criação ou *design* inteligente, tornando-se, dessa forma, o maior nome em contraposição à ideia de Deus criador e organizador do mundo e do universo.

• SIGMUND FREUD (1856-1939), famoso médico austríaco, era neurologista e psiquiatra. Contemporâneo de Darwin, Freud é o pai da Psicanálise.

Já ouviu a frase Freud explica? "Claro que já, professor, mas o que isso tem a ver com Deus?"

Freud passou a explicar coisas que até então não tinham explicação. Com sua teoria do inconsciente, ele demonstra como não temos controle sobre nossas ações de forma racional. Mais do que isso, ele passa a explicar coisas que eram consideradas mistérios de Deus.

Segundo Freud, a humanidade tem três grandes feridas narcísicas. Por três vezes na história da humanidade, descobrimentos científicos feriram o ego da humanidade. Vejamos quais são essas três preposições.

Revolução Copernicana
Seleção Natural
Descoberta do Inconsciente

Revolução Copernicana: é o processo histórico de passagem do sistema geocêntrico para o sistema heliocêntrico. Calma, já irei explicar.

• Nicolau Copérnico (1473 - 1543) propõe uma quebra de paradigma na maneira de se ver o universo. Até então, a humanidade acreditava que a Terra era o centro do universo. Pensava-se que não só o Sol bem como todos os astros celestes giravam em torno da Terra. *Geo* do grego quer dizer terra. Sendo assim, modelo geocêntrico é aquele em que a Terra está no centro do universo.

Helios, do grego, significa sol. Dessa forma, o modelo heliocêntrico é o que tem o Sol como centro do sistema solar.

Embora Copérnico não tenha sido o primeiro a propor o modelo heliocêntrico, apenas no fim da Idade Média, quando ele viveu, que essa ideia começou a ser aceita. Demoraria pelo menos dois séculos para que o heliocentrismo fosse aceito como fato científico, haja vista, antes disso, não haver tecnologia suficiente para provar tal teoria.

Freud classifica a Revolução Copernicana como primeira ferida narcísica da humanidade, pois, a partir daí, o homem deixou de ser o centro do universo. Passamos a ser apenas mais um planeta girando em torno do Sol como tantos outros. Além de existirem inúmeros sistemas solares como o nosso.

Seleção Natural: é a teoria que irá tirar do homem a certeza de que ele é um ser especial na Terra. Charles Darwin deixa evidente como o ser humano é só mais uma espécie animal no planeta, não tendo nada de especial e sujeita aos mesmos processos naturais que todas as outras. Freud postula a seleção natural como segunda ferida narcísica, porque o homem se dá conta de que não foi criado para dominar o planeta, ele tem um mesmo ancestral comum a todas as outras espécies. Mais do que isso, a humanidade é resultado de um processo evolutivo de tentativa e erro, a natureza não é perfeita e não está sob o domínio da humanidade. Esta não foi criada à imagem e semelhança de Deus.

Descoberta do inconsciente: é a terceira e última ferida narcísica segundo Freud. Com sua teoria do inconsciente, ele deixou evidente que o homem sequer controla seus próprios pensamentos e ações.

Freud não foi o primeiro a apresentar uma teoria sobre o inconsciente, porém, de longe, ele é o maior estudioso da área na história.

Inúmeros comportamentos e doenças que não tinham explicações físicas eram atribuídos à vontade divina. Porém, quando Freud propõe os constructos que formam a psique humana, ele deixa claro que grande parte do que pensamos e sentimos está inacessível a nós. Noventa e cinco por cento da psique é inconsciente ou pré-consciente, ou seja, apenas 5% são acessíveis a nossa razão. "Não sou senhor em minha própria casa", dizia Freud.

Considerando as três feridas narcísicas da humanidade, Freud rompe com o conceito de Deus criador e ordenador da humanidade. Nasce assim a Psicanálise, como método para acessar o inconsciente.

Freud postula que, na infância, temos medo de perder o amor e a aprovação dos pais. Esse medo rege nossas ações. Ao crescermos, transferimos esse medo de reprovação a uma instância superior. Essa instância superior, que representa nossos pais, chamamos de Deus.

Freud entra então para o *hall* dos grandes nomes do pensamento crítico à ideia de Deus. Sua abordagem psicanalítica abriu as portas do inconsciente para a solução de inúmeros problemas da humanidade, desacreditando Deus como única fonte de solução aos males da humanidade.

- **FRIEDRICH WILHELM NIETZSCHE (1844 - 1900)**, chegamos, enfim, ao que há de mais refinado na história do pensamento crítico. Filósofo alemão, Nietzsche vem de uma tradicional família de pastores luteranos. Não só seu pai era pastor, como seu avô, além de pastor, era doutor em Teologia. Tragicamente, perdeu seu pai aos cinco anos de idade, vivendo, assim, com sua mãe e irmã mais velha.

Nietzsche se colocará como maior adversário do cristianismo em toda a sua Filosofia. Tanto que um de seus livros foi intitulado de *O anticristo*. Assim como fizemos com os demais filósofos, tentemos entender alguns conceitos básicos de sua Filosofia para entender sua crítica a Deus e principalmente ao cristianismo.

Formado em Filologia (estudo de documentos antigos), ele tem contato com a obra de grandes pensadores gregos no original. Aos 24 anos, assume a cátedra da Universidade da Basileia como professor universitário. Contudo, essa carreira seria curta, devido a um acidente com cavalo.

Não iremos tratar da vida errante de Nietzsche, mas, sim, de como ele construiu sua Filosofia em relação a Deus.

ECCE HOMO

Ecce Homo é o nome da autobiografia de Nietzsche. O que significam essas palavras? Do latim, *ecce homo* são as palavras que o governador romano da Judeia, Pôncio Pilatos, disse ao apresentar Jesus à multidão. A tradução seria "eis o homem". Por que Nietzsche usa as palavras de Pôncio Pilatos a respeito de Jesus para nomear sua autobiografia?

A resposta está logo entre os primeiros capítulos do livro. Ele diz que, em uma guerra, as forças devem ser mais ou menos equivalentes. Caso contrário, não será uma guerra, mas sim um massacre. Ele diz também que só faz guerra com quem está a sua altura. Sendo assim, tanto o livro *O anticristo*, como *Ecce Homo*, são claras referências a sua contraposição com relação ao cristianismo. Entre outras obras, ele também produz um livro chamado *O crepúsculo dos ídolos*, que mais uma vez se contrapõe aos "ídolos" que são venerados pela sociedade como modelo de vida, sejam religiosos, sociais ou políticos.

NIILISMO

Niilismo vem do latim *nihil*, que significa nada. Ou seja, em uma tradução literal, niilista é quem não crê em nenhum tipo de ideologia, seja religiosa, política ou social. Contudo, Nietzsche usa o termo de forma contrária a sua definição. É extremamente importante que nos atenhamos a isso, haja vista ele usar muito essa palavra. Para ele, qualquer ideologia transcendente é uma negação da vida como ela é de fato. Ou seja, o niilista de Nietzsche, por acreditar em alguma religião, Deus, socialismo, anarquismo, capitalismo ou qualquer outra ideologia, NEGA a vida em prol de um ideal futuro imaginado.

Nietzsche fará duras críticas a Platão e ao seu mestre Sócrates. Ele dirá que o cristianismo é platonismo para as massas. Para ele, o cristianismo promove o niilismo na sociedade e impede que vivamos o presente de forma plena.

Por que Nietzsche tem tanto problema com o cristianismo?

Nietzsche diz que as duas piores coisas que o ser humano pode ter são a fé e a esperança. Como assim? Crescemos ouvindo que são as únicas duas coisas que não podemos perder nunca.

Exatamente. A concepção de fé e esperança como base da sociedade é fruto do cristianismo. E por que elas são ruins para Nietzsche? Vejamos.

Fé: como vimos no começo do livro, fé é crer sem provas. Quando criamos uma sociedade dizendo que ela tem que ter fé, condicionamos todo um povo, desde sempre, a crer em promessas sem qualquer tipo de prova, deixando, assim, o povo suscetível à dominação ideológica.

Esperança: a esperança só ocorre em duas situações peculiares, a saber: a falta e a impossibilidade de se fazer ser. O que isso quer dizer? Quer dizer que ninguém tem esperança do que já tem. Ninguém tem esperança se puder fazer acontecer. Se você consegue fazer acontecer, você vai e faz. A esperança só existe na falta e na impotência.

Quem tem esperança de arrumar um emprego? O desempregado que não tem como trabalhar. Quem tem esperança de que o ônibus chegue logo? Quem está no ponto esperando. Como não está no ônibus ainda, e não pode fazer nada para acelerar a sua chegada, basta esperar.

Segundo Nietzsche, a fé e a esperança mantêm o povo passivo, esperando por promessas que não têm qualquer prova de que serão cumpridas. Tais promessas estão além da vida, então, para ele, são metafísica. Nietzsche mostra sua total descrença quando diz "não me apoio em muletas metafísicas". Para ele, esperar em conceitos ou ideologias era o mesmo que se apoiar em uma muleta. Para evitar o niilismo ele propõe o *amor fati*.

Amor Fati: do latim, significa, literalmente, amor ao destino. Porém Nietzsche não acredita em um destino predeterminado.

A ideia é aceitar a vida como ela é de fato, sem qualquer ilusão ou perspectiva irreal.

Por essa perspectiva, Nietzsche era bastante estoico. Para os estoicos, a vida não é boa nem ruim. A vida só é, só existe a mais pura materialidade do agora. O que determinará se temos uma vida boa ou não são as expectativas que criamos sobre ela. A vida ruim se faz quando criamos expectativas e elas não são correspondidas. Para evitar isso, uma máxima estoica diz: "não ame, pois se amar, sofrerá". Para os estoicos e para Nietzsche, o amor se faz no apego às coisas. Esse apego, mais cedo ou mais tarde, gerará sofrimento.

Nietzsche dirá "Jamais alguém fez algo totalmente para os outros. Todo amor é amor-próprio. Pense naqueles que você ama: cave profundamente e verá que não ama a eles, ama as sensações agradáveis que esse amor produz em você! Você ama o desejo, não o desejado".

Já pensou sobre isso? Segundo Nietzsche, só existe o amor-próprio. Amamos as boas sensações causas em nós pelo outro, e não o outro em si. Quando o outro para de nos causar boas sensações, deixamos de amá-lo. Mesmo quando fazemos algo "altruísta", amamos a boa sensação que sentimos ao fazê-lo.

Buscando a vida de forma plena, ele nos apresenta seu conceito de "eterno retorno".

ETERNO RETORNO

"Aja de tal maneira, a querer que esse instante se repita infinitamente" (Lei do eterno retorno de Nietzsche).

A lei do eterno retorno não é uma visão cosmológica e nem uma declaração de que Nietzsche acreditava na reencarnação.

Muito pelo contrário, é uma medida para a vida AGORA. Como assim? Se quiser saber se sua vida é boa, deve se perguntar: "gostaria que esse momento se repetisse eternamente?". Se a resposta for sim, você está vivendo bem. Se a resposta for não, sua vida não é boa e precisa ser mudada. Quer um exemplo?

Já viveu momentos tão bons, que você chega a pensar "se morresse agora, morreria feliz"? Esse instante de vida feliz, tão satisfatório que você não gostaria que acabasse, é a mais pura tradução do eterno retorno.

A lei do eterno retorno de Nietzsche é a realização do *amor fati* na prática. Satisfação em sua vida, da forma que ela se apresenta. De tal maneira que, se necessário, a repetiria infinitamente.

Ok, professor, já entendemos os conceitos básicos da Filosofia de Nietzsche. Agora, a recorrente pergunta: o que isso tem a ver com Deus?

Nietzsche é o autor da famosa frase: "Deus está morto". Porém, ironicamente, nessa frase, ele não se referia exatamente à divindade. O filósofo alemão era hábil com as palavras, como já vimos. Sempre podemos buscar um sentido não aparente por trás de suas máximas.

Vamos analisar a frase "Deus está morto". Sendo declaradamente ateu, ele não acredita em qualquer divindade. Sendo assim, não teria como morrer algo que não existe. Pressupõe-se que, para se ser Deus, não se possa morrer. Se está morto, é porque não era Deus, se o fosse, não morreria. O que ele quer dizer com essa frase, então? Nietzsche se referia à ideia medieval de que Deus era a resposta para tudo. Com o advento da ciência, as pessoas não mais buscavam Deus como resposta universal. Se somos acometidos de uma doença, por exemplo, esperamos que os cientistas achem a cura, e não uma providência divina. Nesse sentido que Deus está morto. Contudo, mesmo a crença cega na ciência pode ser niilismo para Nietzsche.

"Erigir novos ídolos não é algo que farei" (Nietzsche – *O crepúsculo dos ídolos*). Nietzsche desconstrói a ideia de Deus e de ídolos, porém sem deixar nada no lugar, pois para ele seria niilismo.

Em toda sua Filosofia, Nietzsche busca trazer a humanidade para si mesma, em um crescimento pessoal. Em busca dessa evolução, ele apresenta o último conceito nietzschiniano que apresentaremos, o *übermensch*.

ÜBERMENSCH

Traduzido geralmente como "super-homem", o conceito de *übermensch* está mais para "além do homem". Porém usemos super-homem para facilitar a compreensão.

O super-homem de Nietzsche não tem superpoderes como o herói das histórias em quadrinhos e dos filmes. O super-homem de Nietzsche "vai além" do ser humano comum. Ele não precisa de "muletas metafísicas", sendo assim não é "niilista". É adepto do *amor fati* e ama a vida como ela é de fato, sem ficar criando expectativas irreais. Vive uma vida boa e ética, pois em tudo que faz aplica o "eterno retorno". Tem certeza de que vive uma vida plena, que valeria ser vivida infinitas vezes.

Com Nietzsche, fechamos o *hall* dos cavaleiros do ateísmo. Ele fará uma projeção de que, em duzentos anos, não existiria mais o cristianismo. Sendo que já discorre pouco mais de cem anos de sua morte, não só o cristianismo como as religiões em geral nunca tiveram tanta força no mundo, consequentemente a própria ideia de Deus. Contudo, apenas a história poderá dizer se ele acertou em sua afirmação ou não.

CAPÍTULO XIII

O DEUS DO BRASILEIRO

"DEUS É BRASILEIRO."

Quantas vezes já não ouvimos essa brincadeira?

É bastante curioso quando percebemos que não existe um Deus predominante no Brasil, mas sim cerca de duzentos milhões de deuses (não sou muito adepto a hipérboles, porém acredito que nesse caso ela se faça necessária).

"Vixe", professor, duzentos milhões, hipérbole. Que raios você está falando?

(Duzentos milhões é o número estimado de brasileiros hoje, na verdade um pouco mais. Hipérbole é uma figura de linguagem que denota exagero. Exemplo: "já te falei UM MILHÃO de vezes", "já fiz isso há anos" e expressões do gênero).

É isso mesmo, brasileiro não tem crença definida. Quer que eu mostre por quê?

"Você está precisando se benzer", "tem que pular sete ondinhas na virada de ano", "gosto de ouvir o pastor falar", "sou católico, mas acredito na reencarnação", "eu acredito que Deus esteja nas boas atitudes", "não sigo nenhuma religião, mas acredito em Deus". Todas essas frases podem ser ouvidas de um mesmo sujeito. Na verdade, a grande maioria dos brasileiros diz todas elas. O Brasil é o país do sincretismo por essência (já sei, já sei. O que é sincretismo, professor? Sincretismo é a junção de várias crenças, mesmo que essas sejam excludentes entre si).

Por isso digo que existem duzentos milhões de deuses no Brasil. Cada brasileiro desenha seu Deus ao seu bel-prazer. A pós-modernidade trouxe um Deus compreensivo, perdoador e até permissivo. Um Deus que perdoa tudo e que entende a fraqueza humana. Extremamente diferente do Deus castrador e vingativo da Idade Média. Um Deus que punia sem piedade e que exigia devoção exclusiva. Enquanto na Idade Média praticamente todos tinham certeza do inferno, por não conseguir alcançar os padrões divinos, hoje, assaltantes, sequestradores e assassinos fazem suas preces antes de cometer seus delitos. Todos têm certeza do caráter compreensivo de Deus e que isso lhes garantirá a salvação. Todos têm certeza de que Deus entende seus motivos e que, ao fim, lhes perdoará. Enquanto o inferno era uma certeza na Idade Média, a salvação é a certeza da pós-modernidade.

Se fôssemos resumir o Deus do brasileiro em poucas palavras, poderíamos dizer: "acredito em Deus do meu jeito".

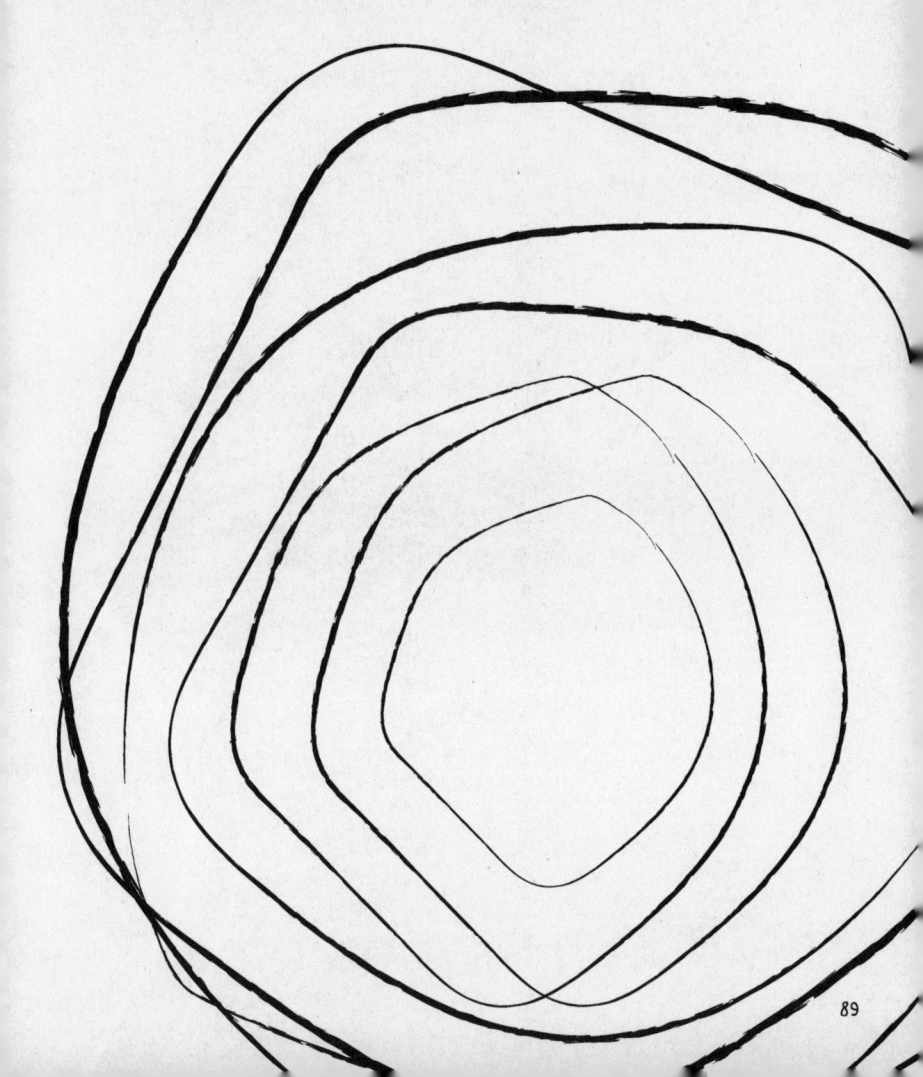

CAPÍTULO XIV

O DEUS DO PROFESSOR MARCUS

Minha intenção inicial ao escrever esta obra era ser o mais imparcial possível. Tentar mostrar o raciocínio de cada pensador, incorporando sua posição de forma a ser fiel a cada ideia proposta. À medida que ia escrevendo este livro, fui mandando os esboços a alguns conhecidos. Ao lerem, sempre me perguntavam: "e qual é a sua opinião?".

Após algumas considerações, resolvi terminar o livro com a concepção de Deus que tenho hoje. Digo hoje, porque já tive outras concepções.

Em tudo que faço, procuro a excelência, busco fazer o meu melhor sempre. Nascido em uma família extremamente religiosa, sempre levei a sério meus estudos bíblicos. Comecei a ler a Bíblia pela primeira vez aos seis anos de idade, aos dez anos já a tinha lido por completo. Essa foi a primeira das inúmeras vezes que repeti essa leitura (sim, eu releio meus livros várias vezes).

Entretanto, a Bíblia não era apenas um livro de leitura para mim, mas sim fonte de estudo e pesquisa. Quando fiquei mais velho, passei a questionar algumas coisas. Porém a fé não se questiona, como vimos no início do livro. Dentro da religião, a própria dúvida é pecado, temos que crer.

Quando conheci a Filosofia, passei a ter contato com grandes pensadores, que também vieram de famílias religiosas e questionaram Deus. Pensadores como Feuerbach, que era teólogo, e Nietzsche, que vinha de uma tradicional família de pastores luteranos. Eu me senti aliviado em ver que as dúvidas que eles apresentavam eram as mesmas que as minhas. Nesse momento, comecei a questionar meus paradigmas.

Durante a faculdade de Filosofia, eu e um amigo fazíamos uma brincadeira sempre. Dizíamos: "a certeza é privilégio dos ignorantes. EU ACHO!". Aprendi a pôr em xeque todos os dias minhas certezas. Nessa fase, eu descobri que não conseguia acreditar em mais nada. Absolutamente nenhuma metafísica transcendente. O meu amigo de faculdade, um ateu declarado, sempre me disse: "Você é ateu e não sabe".

Eu não escolhi ser ateu. Muito pelo contrário, briguei com a ideia por anos. Até que um dia, de madrugada, pensando, deitado na cama, me dei conta de minha total descrença. Levantei às duas da manhã e liguei para meu amigo de faculdade, Alexandre Leal. Embora já formado em Filosofia, ele seguiu como enfermeiro em um hospital.

Afortunadamente, estava de plantão naquela madrugada. Atendeu-me e perguntou se estava tudo bem. Eu lhe disse: "sim, está tudo bem, mas descobri uma coisa e queria que fosse o primeiro a saber". Para minha surpresa, ele me disse: "você descobriu que é ateu". Fiquei perplexo por ser tão óbvio para ele, mas lhe confirmei a informação. A partir daí, simplesmente não conseguia crer em mais nada. Parecia que tinha caído um véu de diante dos meus olhos. Saiu um peso das minhas costas por "não estar mais na fé". Nesse momento, decidi que teria uma posição diferente na vida.

"Permito-me questionar todos os dias meus paradigmas. Sempre busco os que pensam diferente de mim. O contraponto me obriga a repensar meus conceitos, seja para negá-los, seja para reafirmá-los." (Marcus M. C. Gómez)

Estava certo de que, após cerca de trinta anos estudando a Bíblia e as religiões, não mudaria de conceito novamente. Meu ateísmo não se deu por nenhuma decepção ou revolta para com Deus. Muito pelo contrário, se fez como resultado de muito estudo e reflexão. Iniciei assim a graduação em Teologia.

"Mas, espere aí, professor, você não disse que já era ateu? Por que fazer a Faculdade de Teologia?"

Veja bem, nobre leitor, o estudo das religiões e do próprio conceito de Deus sempre me fascinou, haja vista você estar lendo este livro.

Em paralelo à graduação de Teologia, iniciei uma pós-graduação em Filosofia. Por que estou contando tudo isso? Porque na pós-graduação eu conheci um pensador chamado Viktor Frankl (1905 - 1977).

Viktor Frankl foi um psicólogo e neuropsiquiatra austríaco que passou dois anos em campos de concentração nazistas como prisioneiro. Grande admirador de Freud e também psicanalista, Frankl "aproveitou" sua experiência nos campos de concentração para estudar os prisioneiros.

Até então, existiam duas grandes escolas da Psicanálise. A escola freudiana, onde a vontade da libido comandava as ações humanas, e a escola de Adler, onde a vontade de poder dominava as ações humanas.

Frankl reparou que, nos campos de concentração, onde tiravam absolutamente tudo dos prisioneiros, até seus nomes, a vontade de libido sumia dos prisioneiros. Não só a vontade de libido freudiana bem como a vontade de poder de Adler também desaparecia. Os prisioneiros se ajudavam ao invés de tentar dominar uns sobre os outros. Ele começou a reparar nos prisioneiros que "iam para o fio". Ir para o fio era uma expressão usada para os prisioneiros que se suicidavam. Eles iam até a cerca elétrica e seguravam com as duas mãos.

Frankl se dá conta de que os prisioneiros que não se suicidavam tinham um propósito na vida. Os que conseguiam se manter fortes tinham sempre um propósito se saíssem da prisão. É aí que nasce a Logoterapia. *Lógos*, do grego, quer dizer propósito, entre outras coisas. Logoterapia seria uma terapia baseada em um propósito de vida. Uma frase muito famosa de Viktor

Frankl é "encontrei o sentido da minha vida ajudando outros a encontrar o sentido das suas".

Por que contei tudo isso? Simplesmente porque me apaixonei pela logoterapia, assim como já havia me apaixonado pela Psicanálise. A perspectiva dada por Viktor Frankl me deu a peça final que faltava na minha compreensão do mundo, das pessoas e do próprio conceito de Deus.

Hoje, dentre todos os pensadores citados nesta obra, qual eu penso ter razão? Minha resposta é simples e clara: TODOS. Como assim todos? Inclusive os ateus? Sim, caro leitor, todos, inclusive os ateus. Vou explicar.

Deus, na minha concepção, existirá como sentido de vida para quem tem fé. Para outros, existirá como ferramenta de dominação ideológica. Para uns últimos, ainda servirá como um parâmetro norteador, ou como uma referência a ser seguida.

Se me perguntarem hoje como me defino, diria que, parafraseando o prof. Luís Felipe Pondé, sou um "ateu não praticante". O que é um ateu não praticante?

É alguém que não precisa da ideia de Deus na sua vida para dar sentido, mas defende quem quer ou precisa dela. Defendo fortemente o direito de cada um acreditar no que quiser e no que lhe faz bem. Deus, como ideia do sumo bem, existe como parâmetro ou gabarito para muitos na sociedade. A sociedade ocidental como conhecemos se perderia sem a ideia de uma força maior, tanto punidora como recompensadora.

E quem não acredita em Deus é melhor ou mais inteligente que os deístas? Óbvio que não, até porque muitos acabam crendo em outras "verdades" no lugar de Deus, dentre elas, a mais perigosa é acreditar em si mesmo como referência absoluta. E isso pode ser tão ou mais perigoso do que a ideia de Deus usada na dominação ideológica.

Enfim, o que é Deus para mim?

É a ideia de sumo bem, é o conceito que muitos necessitam para saber como agir. É a tradução da vontade do ser humano de ser algo melhor que não consegue, mas busca incessantemente. Deus é como o horizonte guiando um viajante, serve de direção. Ainda que nunca seja alcançado, será sempre o objetivo final.

Quer um exemplo? Tempos atrás, tive um problema de saúde e passei dezesseis dias internado, sozinho em um quarto. Dentre as visitas, um amigo em especial foi duas vezes nesse período. Jurandir Conceição, professor de jiu-jitsu, é adepto de uma religião de origens orientais. Ele me ligou e perguntou se poderia ir me ver e ministrar Johrei em mim (Johrei é uma terapia alternativa, onde, segundo a definição, é considerada a Luz Divina. Emanada de Deus, através de Meishu-Sama. Que é transmitida pelos membros da igreja, com o objetivo de purificar o espírito). Eu disse que sim, claro. Que ele ficasse à vontade de ir me ver.

Na segunda visita do Jurandir, me visitava meu amigo Alexandre Leal, citado anteriormente, junto com seu neto. Após um bate-papo entre nós, Jurandir ministrou a terapia e se foi. Observando tudo isso, Alexandre me perguntou se eu acreditava na terapia de imposição de mãos. Eu disse que não. Então me perguntou se o Jurandir sabia que eu não acreditava. Eu disse que sim, que ele sabia da minha descrença. Perplexo, ele me perguntou: "então por que ele vem?". Tranquilamente olhei para ele e respondi: "porque ele acredita".

É exatamente aí que eu vejo Deus – no amor das pessoas. Não vejo uma divindade, vejo o amor que as pessoas aprenderam a chamar de Deus. Amor genuíno ao "próximo", para parafrasear Jesus.

Recém-pai de uma menininha linda de nome Sofia, com apenas uma semana na época, domingo à noite, tempo chuvoso e frio, Jurandir se dispôs a sair da sua casa para ir me ministrar uma terapia que eu sequer acredito. Se isso não é amor ao próximo, não sei o que mais poderia ser. Eu acredito no amor. Só sei que, após a visita, fiquei muito melhor, pois o carinho dos meus amigos me alentou naquele domingo chuvoso. Esse sentimento magnífico de buscar o bem-estar do outro convencionou-se chamar de Deus. Porém, para mim, é simplesmente amor.

Se você acredita em Deus, espero ter lhe dado os devidos argumentos para continuar em sua fé. Se você não acredita, espero ter lhe proporcionado o arcabouço teórico para embasar a sua não crença. Se acreditava e deixou de acreditar, ou se não acreditava e passou a acreditar, sinto-me feliz por você estar aberto a questionar suas certezas.

Independentemente de qual seja nossa crença, ou nossa descrença, sejamos sempre parâmetro de excelência, amor e bondade. Pois o que nos cabe é o que podemos fazer e influenciar aqui e agora. Que Deus o abençoe e que Darwin o proteja.

FIM

BIBLIOGRAFIA

Teogonia – Hesíodo

Diálogo Timeu – Platão (Aristócles)

Metafísica – Aristóteles

Cartas de um Estoico – Lúcio Aneu Sêneca

Confissões – Aurelius Augustinus Hipponensis (Santo Agostinho de Hipona)

Suma Teológica – Tomás de Aquino

Suma Contra os Gentios – São Tomás de Aquino

Discurso do Método – René Descartes

Meditações Metafísicas – René Descartes

Pensées – Blaise Pascal

Anotações – Isaac Newton

Livro I da Ética e no Tratado sobre a Religião e o Estado – Baruch Spinoza

O Guia dos Perplexos – Moisés Maimônides

Avicena (Ibn Sinã). A origem e o retorno

Introdução e aparelho crítico de Jamil Ibrahim

Iskandar. São Paulo: Martins Fontes, 2005

Fundamentação da Metafísica dos Costumes — Immanuel Kant

Crítica da Razão Prática — Immanuel Kant

Crítica do Julgamento — Immanuel Kant

A Essência do Cristianismo — Ludwig Feuerbach

Crítica da Filosofia do Direito de Hegel — Karl Marx

Marx, Karl. Manuscritos econômicos-filosóficos. São Paulo: Martin Claret, 2005

Seleção Natural das Espécies — Charles Robert Darwin

Conferências Introdutórias sobre Psicanálise — Sigmund Freud

Mal-estar na Civilização — Sigmund Freud

Ecce Homo — Friedrich Nietzsche

Assim falou Zaratustra — Friedrich Nietzsche

O Anticristo — Friedrich Nietzsche

Em Busca de Sentido — Viktor Frankl

QUE NOSSAS CRENÇAS E CONVICÇÕES NÃO
SEJAM LIMITADORAS DE NOSSA FÉ OU DE NOSSO
CONHECIMENTO, MAS SIRVAM DE ESTÍMULO
À BUSCA CONSTANTE POR RESPOSTAS E PELA
PLENITUDE DE NOSSA EXISTÊNCIA.